栗山英樹29歳

夢を追いかけて

栗山英樹著

池田書店

復刊にあたり

本書は1990年、現役を引退するシーズンの前に、僕が初めて書き下ろした書籍です。この中には、栗山英樹という人間を形づくったさまざまな出来事や考えが記されています。たとえば、本書の冒頭では、当時落ちこぼれだった僕を熱心に指導し、最悪の状況から引き上げてくれた内藤さんについて語っています。内藤さんが、すべての選手を子供のように愛して、何とかしようとしてくれたことは、一番大きな財産でした。

時が経ち、今度は僕が監督になり、「選手のために何をしなければいけないのか」を考えるようになりました。その時に、具体的な采配や行動ではなく、その根っことなるベースの考え方に大きな影響を与えてくれたのが、内藤さんのくれた愛情だと思っています。

他にも、僕の考えに影響をもたらした経験が本書にはたくさん詰まっています。あの時代のよさみたいなものを、感じ取ってもらえたら幸いです。

令和5年4月

栗山英樹

まえがき

平成元年のシーズンオフのある日のこと。僕は、母校である東京学芸大の講堂で、たくさんの学生の前に立っていました。「何でもいいから話してほしい」という後輩諸君からの依頼を受けたのです。

人と比べて優れた長所や才能があるわけではないし、特別な人生観を持っているわけでもない。そんな僕が、多くの後輩たちの前で何を話せばいいのか。正直なところ悩みました。

あれこれと考えたあげく、僕に話せることといえば、自分が〝一生懸命〟に歩いてきた足跡ぐらいだな、という結論に達しました。そんな話が、自分以外の人にどんな意味があるのか大いに疑問でしたが、僕にすれば、この〝一生懸命〟こそが唯一の取り柄で、ちょっと大袈裟ないい方をすれば、自分が生きてきた証明のような気がしたのです。

『挑戦への扉を開けて』というテーマで始まった講演中、僕の頭の中には、王選手、長島選手にあこがれて野球に熱中した少年時代。甲子園への夢を断たれて、自分の力の無さを痛感した高校時代。教員を目指して授業や実習に頑張った日々。プロ入り直後、他の選手との力の違いに呆然としたこと。降って湧いたような原因不明の難病メニエール病に悩まされ、将来への不安に頭を抱えたこと。病気の僕を励まし続けてくれた人々。対巨人「みちのく三連戦」の初戦で、いきなり二塁打を放ったこと。など、いろいろな思い出がよぎりました。

生まれながらの素質とか、センスとかにはあまり縁のない僕にとって、どの時代でも夢中になって突き進むしか、自分をアピールしたり、存在を証明したり、あるいは自分自身が生きてることを実感する術がなかったのです。

「つまらない人は寝て下さい」と最初に断っておいたのですが、後輩たちは僕の拙い話に思ったより熱心に耳を傾けてくれました。その姿を見て〝ああ、みんな本気で生きたがっているんだな〟と思ったものです。

たった二十九年の人生。教師になるか、プロ野球選手になるかで迷ったとき、しない後悔より、した後悔を、と思って飛び込んだプロ野球です。もしも、やがてこの先、子供たちの前に立つような機会があったら、僕はこういうでしょう。

「自分でこの道と決めたら、本気でチャレンジしなさい。たとえ結果がでなくても、〝夢〟をあきらめずに追い続けてほしい。そうすれば、その思いはたくさんの人々に伝わり、必ず道が開けてくる」と。

不器用ながら〝一生懸命〟生きてきて、そのおかげで出会えた人々、知り会えた人々が僕のただ一つの財産です。そうした方々へのお礼の気持ちも込めて、稚拙な筆をとりました。

今日まで僕を支えてくれたみなさんに心から感謝申し上げます。

平成二年三月

栗山　英樹

栗山英樹29歳　夢を追いかけて…目　次

第三章　教職への道

第四章　プロ野球、闘いの日々

第五章　エピローグ……夢を追いかけて

※本書は、1990年に著者が執筆した内容を復刊したものです。
執筆当時の時代背景を考え合わせて削除や書き換えを行わず、原文どおりとしました。

第一章

〝落ちこぼれ〟が一軍に上がった日

選んだ道は誤りだった！

今でもはっきりと覚えています。初めてスワローズの一員として練習に参加したのは、昭和五十九年の一月、合同自主トレのことでした。実力が未知数で、体づくりから始めなければならない新人は、当然二軍で練習を始めます。場所は埼玉県の戸田球場。荒川の河川敷につくられている球場です。

その年にスワローズに入団した選手は七人。そのなかには、高野光、池山隆寛など、現在のスワローズを代表する選手も何人か含まれています。練習前、参加選手全員が整列し、そのなかで、一人一人、名前を呼ばれた順に新人選手が挨拶をしていきます。

「背番号46番、栗山英樹」

と名前が呼ばれた時、僕は、

「どこまでやれるかわかりませんが、一生懸命頑張ります。よろしくお願いします」

と、大きな声を張りあげました。

これは、その時の僕の率直な気持ちでした。

同じ新人でも、他の選手はドラフトで指名されて入団した鳴り物入り。アマ球界では、誰もが名前を知っている選手ばかりです。一方の僕はといえば、野球校というにはほど遠い学芸大学出身で、しかもテスト生。新人という状況は同じでも、実力的にみて、比較にならないほどの格差があることは、僕にははっきりわかっていたのです。

でも、その反面、彼等への対抗意識のようなものもありました。彼等も僕も同じ人間です。一生懸命練習に打ち込めば、同じレベルに到達することぐらいはできるんじゃないか、と思っていたのです。

しかし、いざ練習が始まってみると、自分の認識の甘さをイヤというほど痛感させられ

ヤクルトスワローズの本拠地で、同時に大学野球のメッカでもある神宮球場。

ました。入団して、すでに何年かたっている二軍の選手も含めて、僕以外の選手のプレーのスピードの速いこと。それに、投げる、打つ、一つ一つのプレーの力強いこと。他の選手の練習ぶりを一目見ただけで、ただ、唖然とさせられるばかりでした。フリーバッティングで、ボックスに入っている池山を見た時などは、これが本当に新人選手か、と度肝を抜かれました。とにかく打球が速い。しかも飛距離がある。鋭いライナーを、当たり前のようにフェンスの向こう側に打ち込んでいるのです。正直、こんな連中とこれから競争しなければならないのかと思うと、目の前が暗くなるような思いでした。

他の選手の実力が10だったとすると、僕の力はせいぜい4か5という程度。そんな実力のなさに加えて、いいところを見せなければという気負いが、硬さを生んだのでしょう。練習とはいえ、しばらくの間、僕のプレーはさんざんのできでした。

大学時代、僕は最初は投手をしていたのですが、途中で肘を痛めたため野手に回りました。それでスワローズにも野手として入団しています。ところが、その野手としての基本的なプレーさえ、満足にできないのです。

セカンドの守備位置にいて、コーチや監督のノックを受け、セカンドベースに入ったショートの選手に素早くスローイングする。一塁にランナーがいる時のごくごく基本的なプレーです。それが僕にはできなくなってしまったのです。打球をキャッチすることはできるのですが、スローイングの際に、力が入りすぎて、ボールがワンバウンドになったり、とんでもない方向に飛んでいってしまうのです。あげくの果てには、ランナー役で走ってくる選手にボールをぶつけて、他の選手の失笑をかう始末です。

もちろん、大学時代、この程度のプレーは何の苦もなく当たり前にこなしていました。それが、突然そんなみっともないプレーしかできないようになったのは、プレッシャーが重なったせいでしょう。今から思うと、実力以上のプレーをしようと背伸びしていたのが、裏目に出たのかもしれません。

ともあれ、そんな具合に周囲のヒンシュクを買ってばかりですから、最初の頃の練習は、気が遠くなるほど長かった。練習が終わっても充実感などとはほど遠く、明日もまた同じように恥をさらさなくてはならないのかと思うと、気が重くなるばかりです。

早い話、僕は気持ちの面で完全に負けてしまっていたのです。他の選手にではない。自分自身に負けていたのです。そんな状態で力を出せるハズがありません。日を追うごとに僕のプレーはひどくなるばかり。やがて、キャッチボールさえ人並みにはできないようになっていました。相手に向かってボールを投げることに恐怖感を覚える有り様だったのです。

プロの選手なら、二軍であっても他の選手は全員が競争相手。技術的にアドバイスするようなことはあまりありません。ところが、僕に限っては、他の選手の誰もが親切に技術的なことを教えてくれるのです。他の選手からみて、僕はライバルに足り得る存在ではなかった。あまりにも稚拙なプレーに哀れみを感じて、手とり足とり指導してくれていたわけです。

こんなふうに、自分の落ちこぼれぶりがはっきりするにつれ、僕の野球に対する情熱は急速に萎えていきました。いや、野球というスポーツに対する思いは変わりませんでした。ただ、自分がプロ野球選手という職業を選んだことに対して、強い後悔と自分を責める気

入団当初、自分の力のなさに嫌気がさすばかりだった。

持ちが押し寄せてきたのです。

自分のような草野球に毛の生えた程度のレベルの選手が、なんでプロの選手と一緒に練習しているのか。そのことが、不思議に思えてきました。

自分ではなんとかしようといろいろ試みるのですが、なかなか抜け出す糸口はみつかりません。この頃のことでとても印象に残っていることがあります。夜の自主トレのときにスローイングの練習がしたくて、合宿所から10分ほどのグラウンドまで走っていったのです。グラウンドに着くと、河川敷のために明かりがなくて真っ暗です。練習しているときはいいのですが問題は帰るとき。合宿所への道をトボトボ歩きながら、なんで自分はこんな真っ暗なところで独りでボールを投げなければいけないのか、と思うと何ともいえない気持ちになって、ほんとうに野球をやめなければいけない、と真剣に考えました。

僕は少しずつ辞めるプランを練り始めました。やっぱり、自分には先生の方が向いている。もう一度教職を目指そう。ただ、落ちこぼれて野球を辞めたのでは、格好がつかない。たとえば交通事故のような、野球を辞めざるを得ないアクシデントが起こってくれないだろうか。――夜、合宿所のベッドのなかで、僕はそんなことばかり考えていたのです。

思いがけない内藤監督の熱意

こんな見事なくらいの落ちこぼれ選手だった僕が、どうして今もプロ野球選手としてプレーを続けることができたのか。

底なし井戸のまっただ中にいるような最悪の状況から、熱意というロープで僕を引き上げてくれたのが、当時の二軍監督の内藤博文さんだったのです。

内藤さんはジャイアンツのテスト生第一号だった人。入団後は持ち前の実力を発揮して、一軍のレギュラーポジションを獲得したこともある人です。

その内藤さんが、僕につきっきりといっていいような状態で、特訓を施してくれるのです。他のコーチの人たちからは〝あきらめられた〟存在で、自分でも来年は別の職業についているだろうと、野球に見切りをつけていました。

そんな僕に、内藤さんは根気よくノックのバットを振ってくれるのです。夕方になって、全員の練習が終わると、僕と内藤さんのマン・ツー・マンの練習が始まります。打球を受けながら、僕はいつも不思議な気持ちでいっぱいでした。

入団テストの時もそうだったのですが、実力が劣っている僕になぜか内藤さんは目をかけ続けてくれている。同じテスト入団という境遇に自分の過去を重ね合わせているのだろうか。それとも、ただ単純に、僕の正視に耐えないほどの下手さ加減に同情してくれているのだろうか。監督は選手と同じように、グラウンドと隣り合わせの合宿所で生活しているわけではありません。帰りが遅くなるだろうに、どうして僕なんかにつきあってくれるのか、僕は内藤さんの真意をはかりかねていたのです。

そんな僕の気持ちにはおかまいなく、内藤さんは僕を鍛え続けてくれました。

キャンプを経て、シーズンに入ってからも、

〝落ちこぼれ〟の僕を一から鍛え上げてくれた内藤二軍監督。

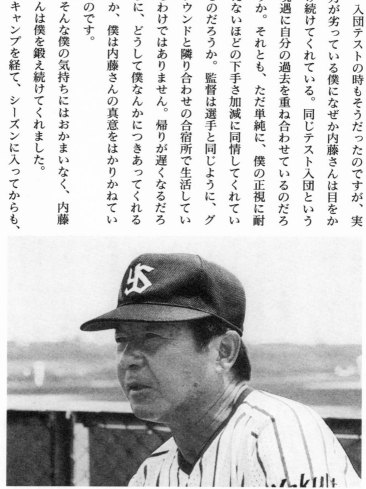

他の選手の練習が終わると必ず、

「英樹やるぞ」と、二人だけの練習がスタートするのです。ノックによる守備練習や、ゲージを使っての打撃練習。練習の間には、「腰が高い」「もっとボールを見て」と、ポイントを抑えた指示を出してくれるのです。

正直いって、プロ失格と思えるような選手を鍛えることより、もっと素質のある新人に練習させるほうが、チームのためでもあるし、内藤さんにとっても手応えのある仕事ではないかと思いました。

それに、自分でも野球を辞めなければならないことがわかっているのに、練習でクタクタになって、その上特訓でシゴかれて、果たして意味があるのだろうかという、疑問も生まれました。

ところが、そんな僕の後ろ向きな気持ちが、少しずつ変化してきました。そのことをはっきりと意識したのは、シーズン半ばのある日のことです。いつものように二人だけの練習を終えて、ボールやバットを片づけていると、内藤さんがニッコリと微笑みながら、こういってくれたのです。

「なあ英樹。せっかくプロのチームに入ったんだから、一度くらいは一軍のゲームに出ようや」

一軍に上がったことのある他の二軍選手から話は聞いていますが、初めて一軍のゲームに出場した時は、嬉しさと緊張で足が震えるといいます。落ちこぼれ選手で、選手寿命が短いのはわかっている。でも、だからこそ、一度は一軍の試合でプレーする感激を味わわせてやりたい。そう思って、内藤さんは大切な自分の時間を使って、僕をシゴいてくれたのでしょうか。少なくとも、僕は内藤さんの言葉をそう受け止めたのです。

そして、その言葉を聞いて、僕はもっと前向きに野球に取り組まなければならないと、気持ちを新たにしたのです。

内藤さんがいうように、一軍でプレーできるほどに、自分の力が上がるとはとても思えませんでした。でも、何か月か頑張って、内藤さんに「英樹、上手くなったなあ」といってもらえればそれでいい。内藤さんの気持ちに報いるためにも懸命に野球に取り組もうと決めたのです。

そう思うと、何だか肩からスッと力が抜けるように気分が楽になりました。それまで、僕は目いっぱい周囲を気にしながら練習を続けてきました。それが、他の選手のことはどうでもいいと思えるようになったのです。これも一種の開き直りといえるでしょう。他の選手と自分とを比較することに、それほど大きな意味があるとは思えないようになりました。それより、自分の力が少しでも上がれば、それでいいじゃないか、と考え始めたのです。

自分でいうのもおかしな話ですが、それからは、人が変わったように野球に打ち込めるようになりました。もちろん、それまでも一生懸命に頑張ってはいたのですが、心のどこかで冷めている部分があったのです。

プレーは下手でも、二軍の試合でベンチにいる時は、人の嫌がるバットボーイの仕事をしたり、自軍の選手に懸命に声援を送ったりはしていました。野球でチームを助けられないのだから、側面から協力するしかないと思っていたのです。そんな態度が認められてのことかどうか、時には、ゲームに出場するチャンスを与えられることがありました。

しかし、それまでの僕は、いざグラウンドに出て守備につくと、後ろ向きなことばかり考えてしまう。自分のところにボールが飛んできて、ミスをしたら、他の選手はどんな目

内藤監督の熱意に応えようと、夢中になって練習を繰り返した。

で自分を見るだろう。その時相手チームのベンチからは、どんなヤジが飛ばされるだろう。そんな最悪のケースばかりが、頭の中に浮かんでいたのです。

チームメートのなかにも「栗山が試合に出たんじゃ勝てない」「アイツが守っている時に投げたくない」という声が、上がっていたほどですから、萎縮せざるを得ません。そんなわけで、試合に出してもらうのは嬉しい半面、怖くてつらい面もありました。

それが、意識が変わってからは、周囲の目を気にせずに野球ができるようになったのです。不思議なもので、そうなると、高校や大学時代に無意識のうちに、身につけていた野球カンも戻ってきます。そんなふうにして、本当に少しずつですが、僕も、プロ野球選手としての階段を昇り始めていったのです。

9回表「ショート栗山」

一軍の公式戦があと2試合でシーズン終了するという時に、思いもかけない朗報が飛び込んできました。一軍昇格の知らせです。

シーズンも大詰めになっての昇格には、いろんな意味が含まれていたのでしょう。現実的にチームの状況を考えると、当時のスワローズの一軍メンバーには盗塁できる選手が少なく、駿足だけが取り柄の僕でも、代走要員ぐらいにはなると考えられたのかもしれません。また、順位には関係のない消化試合なので、二軍で頑張った選手にごほうびをやろうという意味あいもあるのかもしれません。もっと突っ込んで考えるなら、内藤さんがいっていたように、辞める前に、一度くらいは一軍のゲームに出場させてやろうという温情が働いた結果と考えられなくもありません。

しかし、僕にすれば理由などどうでもよかった。一軍の試合に出られる——そのことだけで、大感激、大満足だったわけです。入団当時の自主トレで絶望し、交通事故にでも遭えば辞める名目が立つ、とまで考えたことが思い出されました。

初めての一軍の試合はシビれました。球場は神宮で対戦相手はホエールズ。僕がグラウンドに出たのは9回表の守りだけで、いわゆる守備要員です。勝敗のすう勢は決まっていたのですが、それでも緊張で、膝がガクガクと震えました。

その時のポジションはショート。左右を見回すと、サードで池山が、セカンドでマルカーノが、そして、ファーストでは渡辺進さんが、自分と同じように、バッターを睨んでいます。こんな一流のプレーヤーたちと、同じグラウンドで自分がプレーをしている。そう思うと、何だか胸が熱くなりました。

小刻みに足を震わせ、フットワークを繰り返しながら打球を待っているのですが、その足が地につかない。何だか、自分の足がスッとグラウンドの芝のなかに抜けていくような錯覚に捉われるのです。眩いばかりのカクテル光線は、そんな緊張と興奮を、一層駆り立てます。でも、恐る恐る二軍の試合に出ていた時のような重苦しさはありませんでした。華やいだ高揚、とでもいえばいいのでしょうか。ひょっとすると、スター歌手がスポットライトを浴びて、ステージで歌っている時に、こんな気分になるのかもしれません。

そんな舞い上がった気分でいる時に、いきなり打球が襲ってきた。無我夢中で、それがどんな打球なのか、考える余裕もありませんでした。覚えているのは、何とかその打球を処理して、ファーストでアウトにしたことだけ。これが、僕の公式戦でのデビューです。

ホンの短い出番だったし、華々しい活躍など全くなかったけれど、僕にとっては、初ヒットや初ホームランを打った時よりも、ずっと印象深い試合です。

〝落ちこぼれ〟の僕が、曲がりなりにも一軍にデビューできたのは、内藤監督を始め、当時二軍のコーチをしていらした丸山完二さん、故障のため二軍で調整していた、今はチームの広報を務めていらっしゃる杉村繁さんたちのおかげです。とくに内藤監督には、とにかく真剣に取り組むことの大切さを教えられました。つぎつぎに放たれるノックを体じゅうで浴びながら、すでに選んでしまった道を振り返ることのおろかさを、痛感していました。一打、一打に「今おまえがすべきことは、前を向いてこのボールを追いかけることなのだ。夢中になれ!」と叱咤されているのを感じました。

そう、確かに小さいときから、僕はこのボールに夢を託して生きてきたのです。

第二章

野球に明け暮れた少年の頃

僕らのヒーローは、王、長島選手だった！

それほど素質に恵まれていたとはいえない僕が、いったいどんな理由でプロ野球選手への道を選ぶことになったのか。〝人生〟などという言葉を吐くには、まだ若すぎるといわれるかもしれませんが、スワローズの一員になるまでには、僕なりのさまざまな紆余曲折があったことは事実です。どんな体験によってプロ野球選手への夢を育み、あきらめや絶望を経ながら、その夢を実現させてきたのか。少年時代から、現在に至るまでの僕のささやかな歴史をたどってみたいと思います。

◆　◆

僕が生まれ育ったのは、東京の小平市というところ。典型的な東京のベッドタウンですが、都心からは少し離れていることもあって、比較的ゆったりとした住宅や高層マンションが立ち並んでいます。

もっとも、僕の子供の頃は、まだマンションなどほとんどなく、家の近所にはいくつもの空地が広がっていました。そこで、僕はそれこそ小学校に上がる前から、毎日のように野球に興じていたのです。

昭和四〇年代の初めの頃で、今のようにファミコンのようなハイテクのおもちゃなどあるはずがありません。それに、僕は体を動かすことが大好きで、屋内でのゲームよりも外で汗を流して遊ぶことのほうがずっと好きでした。それで、暇さえあれば友だちを誘って、外で遊び回っていたのです。僕には三歳上の兄がいるのですが、その兄の遊び仲間にも、しょっちゅう入れてもらっていたものです。

1歳3カ月。家族と千葉の海へ旅行に行ったときのもの。

もちろん、外での遊びといってもいろいろあります。スポーツだけをとってみても、サッカーもあればラグビーもある。そのなかで、どうして野球ばかりやっていたのかといえば、これはもう好きだったから、としかいいようがありません。

当時は、王選手、長島選手の全盛で、プロ野球人気が最高潮だった頃。子供たちが何人か集まれば、やることは野球と決まっていたものです。

ただ、ひとつだけ特別な理由をあげるとすれば、父が地域の少年野球の監督をしていたことが影響しているかもしれません。自分が監督をしているからといって、父が僕や兄に、野球をしろと特に勧めたわけではありません。でも、休日ごとにユニフォーム姿で出かけていく父を見て、野球への親しみが深まっていったことは間違いないと思います。

小学校に入学してしばらくすると、僕は、父が監督を務めているその野球チームに入団します。この時も、とくに父に勧められたわ

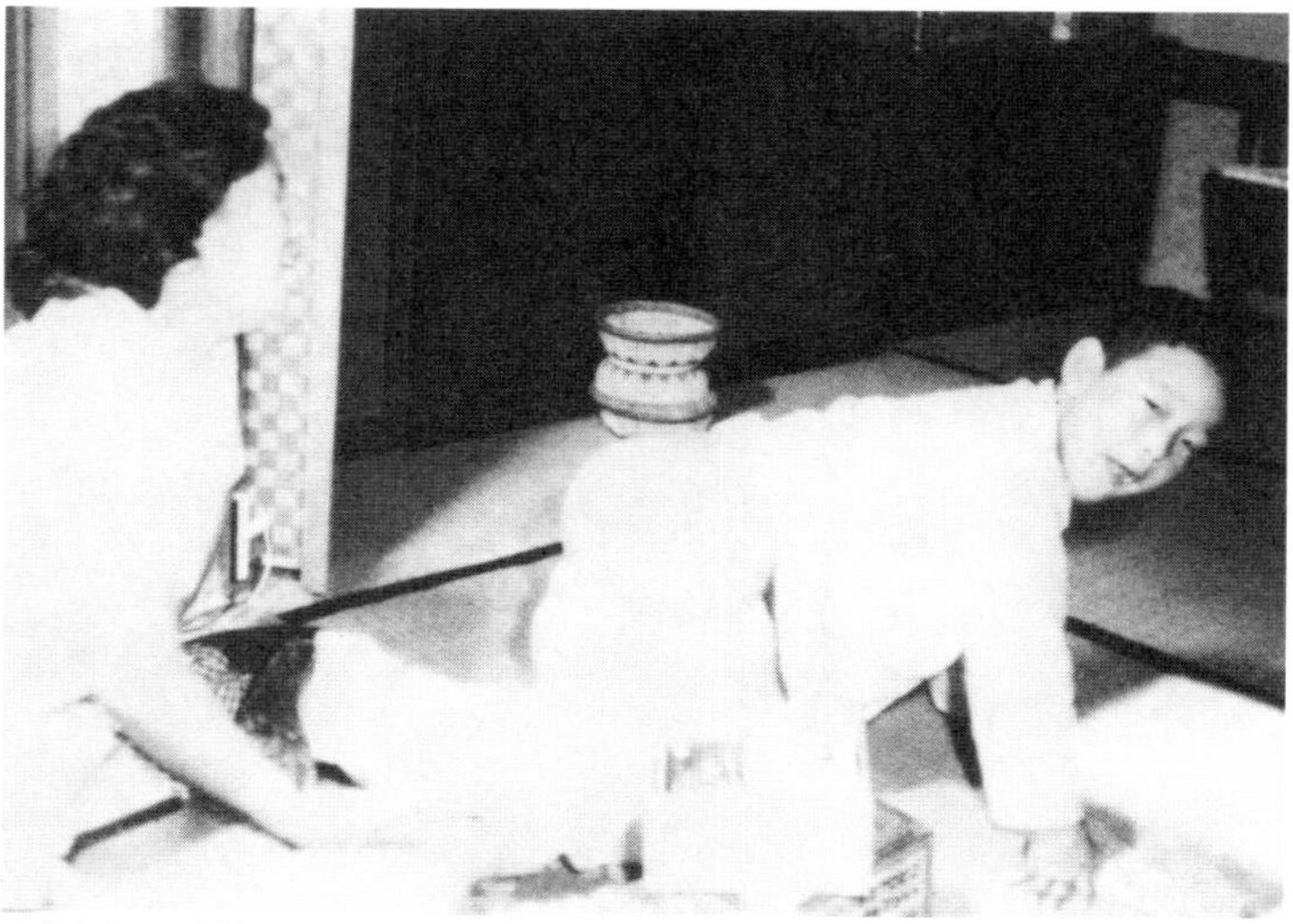

5歳ぐらい。お尻をケガして、母に薬をつけてもらっているところ。

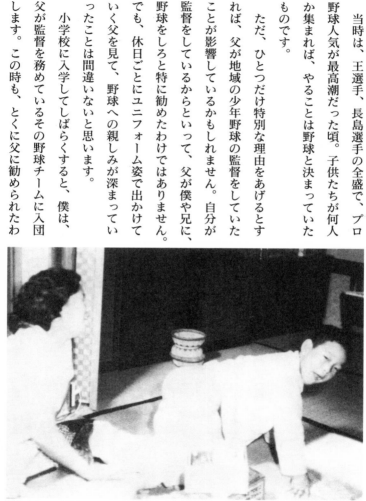

6歳ぐらい。3歳上の兄はいつもお手本だった。

けではありませんが、その前に兄も入団しており、僕の入団は、いわば自然の成り行きのようなものでした。

そんないい加減な入団のしかたですが、生まれて初めてユニフォームに袖を通した時は、何ともいえない嬉しさがこみあげてきたことを覚えています。子供ながらに、これからは本格的に野球をやるぞ、と、心を新たにしたものです。そして、実際そのチームに入って、僕は野球の楽しさや厳しさを知ることになったのです。

厳格だった父に感謝

話は少し横道に逸れるかもしれませんが、父について話しておきたいと思います。

僕の少年時代の父といえば、頭に浮かんでくるのは、決まってガミガミと誰かに怒鳴っている表情です。テレビのホームドラマでは、昔気質のガンコオヤジがよく登場しますが、ウチの父もまさにあのキャラクターです。ずっと前に大人気だった「巨人の星」という野球漫画に出てくる星一徹という主人公の父親に似ていなくもありません。とにかく、自分の納得のいかないことには、絶対に妥協しない一本気な性格の持ち主なのです。

当然しつけも厳しく、僕たち兄弟は毎日のように叱られていました。とくに僕は、いたずら好きな性格だったこともあって、ことあるごとにゴツン、ゴツンとやられていました。

たとえば食事のとき、つい足を崩すと「キチッと正座をしろ」とゴツン。テレビを見ていて肘をつくと「行儀が悪い」といってゴツンといった具合です。近所の家の柿の実をとったことがバレたりしたときなど、ゴツンどころではありませんでした。

「もう帰ってくるな」と、外に放り出されて何時間も家に入れてもらえない。

言葉づかいにも人一倍厳しかった。「目上の人には必ず敬語を使え」と、家の中でもそのことを徹底させます。だから、家の中で父や

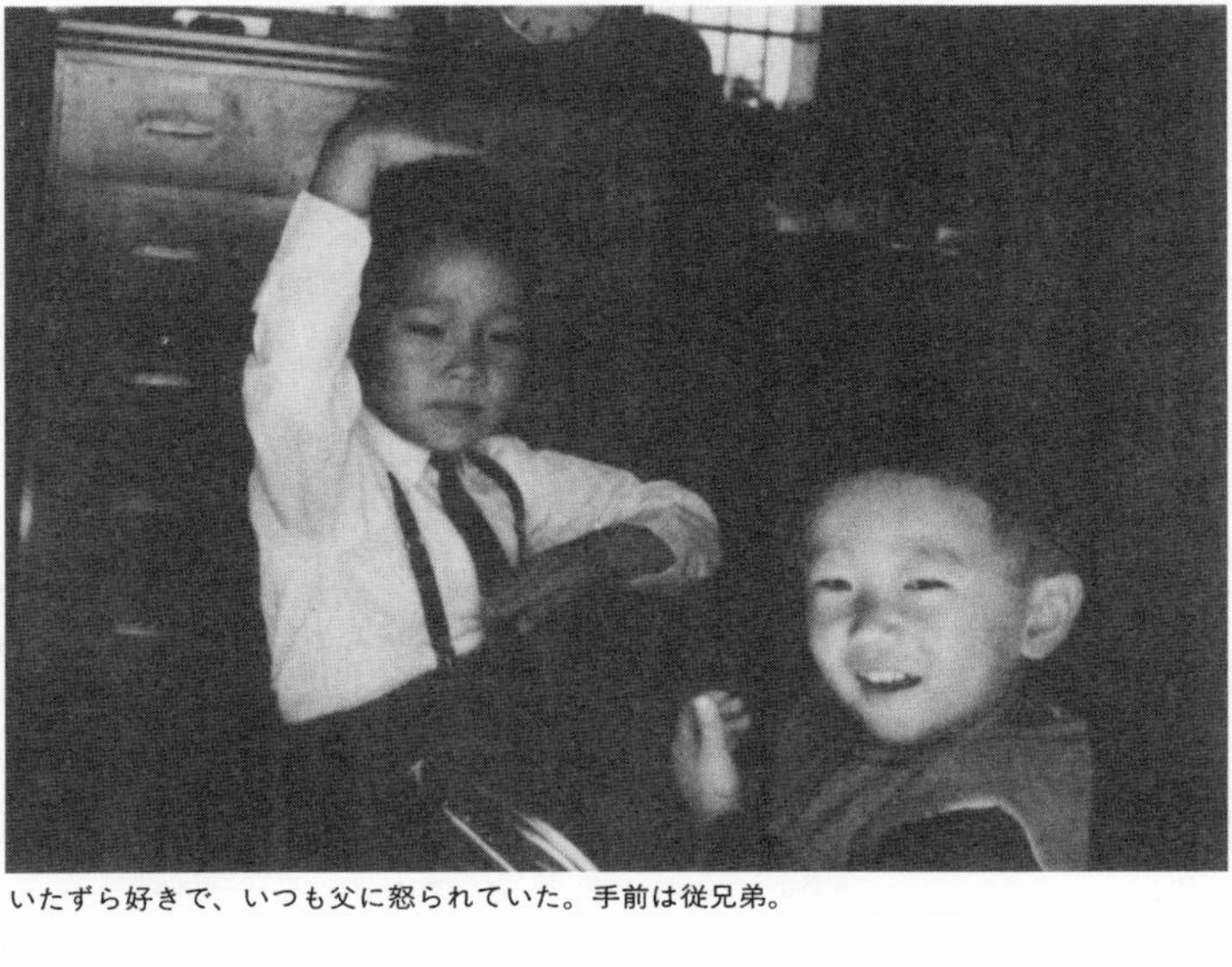

いたずら好きで、いつも父に怒られていた。手前は従兄弟。

母と話している時も、僕たち兄弟は、学校の先生と話す時のように、です・ます口調を使っていたのです。

こんなふうに、昔気質の人ですから、今でも自分から子供に連絡をとることなど、ほとんどありません。でも、たった一度、僕が一軍に昇格した時だけは、わざわざ電話をかけてきて、「おめでとう」と祝ってくれました。大袈裟ないい方をしない父ですが、その一言を聞いたとき、なんだか嬉しくて、胸が熱くなったのを覚えています。

もっとも、その時も、僕はです・ます口調。電話を切った後、チームメートから誰と話していたんだと尋ねられ、父親だと答えて驚かれたほどです。

小学校の入学式で同級生と記念撮影。右が近藤君。真中が小島さん。

正直いって、子供の頃は他の子供と同じことをやっていながら、自分ばかり叱られているような気がして、父に不満を感じたことも一度や二度ではありません。しかし、今になって思うと、父に厳しくしつけられたことが自分にとって大きなプラスになっていることがわかります。

たとえば、人と一緒にいる時はその人物に対して失礼な振る舞いをしないように努める。自分がそうすることによって、相手も自分と同じ気持ちをもってくれるのではないか、と僕は思っています。結局のところ、厳しいしつけを通して、父は僕たちに、人生に対するスタンスのようなものを教えようとしたのかもしれません。

もちろん、気恥ずかしくてそんなことは面と向かって父には尋ねられません。でも最近になって、ほんの少しずつですが、父の気持ちが僕にもわかってきたような気がするのです。

そんな厳しい父に鍛えられたこともあるのでしょう。僕たちの野球チームは、小平地区では屈指の実力チームでした。

同じ地域に、小学生ばかりで構成されている少年チームが70から80ぐらいありました。大会は、春、夏、秋と年3回ありますが、参加チームが限られている春と秋の大会では、僕らは何度も優勝を重ねている常勝チームでした。ただ、全チームが参加する夏の大会では、なかなか優勝させてもらえません。

小学校から中学校時代の僕は、同年代の子供たちのなかでは野球の上手な少年だったと思います。小学校四年生のとき、五、六年生のレギュラー選手に混じって投手を務め、4番を打たせてもらっていました。ちなみに背番号は8番。本当は王さんか長島さんの1番か3番にしたかったのですが、おそれ多いような気がして次に好きだった高田選手の番号にしたのです。

当時僕らのチームは全盛時代で、夏の大会でも決勝にまで進出しました。決勝戦でも有利に試合をすすめ、九分九厘勝利を手中に収めていたのですが、最終回の土壇場で守りのミスが続出し、嘘のような逆転負けを喫してしまいました。もうあとわずかのところで、念願の夏の大会での初優勝を逃がしたのです。僕は初めて勝つことの難しさを思い知らされました。

六年生になった時、つまり僕にとっては最後の大会でも、決勝戦に駒を進めることができました。僕は一回戦から一人で投げ抜いてきましたが、準決勝までにかなり打たれ、疲れもたまっていました。それで、決勝戦では平原君というもう一人のピッチャーに先発を譲りました。最後の大会の、しかも決勝戦ですから、自分が投げたかったのが本当の気持ちです。でも、監督の判断に従い、自分が投げるよりいい結果が出るだろうと、ショートを守ることにしたのです。

平原は懸命に投げ抜き、1対0という最小のリードを守って、僕たちのチームに初めての優勝

父が監督を務める小平の少年野球チームで活躍していた頃。

をもたらしてくれたのです。この時は本当に嬉しかった。みんなの力で勝ったという実感があったからです。

どんなに自分が派手な活躍をしても、試合でチームが負ければなんにもならない。それより、自分は脇役でも、ここぞという試合でチームが勝てば、大変な感激が生まれることを身をもって体験しました。

こうした少年野球での経験を通して、僕は少しずつ野球というスポーツの醍醐味を体で覚えていったわけです。

中学ではバレーボールに熱中！

小学校時代は明けても暮れても、ひたすら白球を追い続けていましたが、中学校に入ると、一時的にその大好きな野球と縁を切ることになります。

野球に対する興味や意欲を失ったからではありません。中学生になる前から、僕は高校生になったら何がなんでも甲子園へと、念じ続けていたので、そのステップとして中学校でも野球部で腕を磨きたいと思っていました。

ところが、志望していた野球部を見学してみて、がっかりしました。練習を指導する監督がいないのでまとまりが感じられず、それに加えて部員のプレーにも覇気がないようです。慢然と一人一人が、自分の好きなことをやっているというふうにしか見えませんでした。生意気なようですが、これでは自分の腕を磨くことにつながらないように思えたのです。

そこで僕は考えました。高校で甲子園に行くためには、中学生の今、何をすべきかと——。野球部に入っても大した上達は望めそうにない。それなら、いっそ他のスポーツで体力を強化したほうが将来に役立つんじゃないか。

野球に限らず、いろいろなスポーツの大好き少年だった中学時代。

そこで、練習がきつく、運動量が豊富で足腰を鍛えられそうなバレーボール部に入部することにしたのです。入部を決めた理由はそれだけではありません。実は、兄が同じ中学校でバレーボールをやっていたのです。

兄によれば、小さい頃の僕はいつも後を追いかけて慕っていたらしいのです。兄が自転車に乗れるようになったときも、乗れない自分は一生懸命走って後について行ったそうです。あとになって、よく「俺のおかげで足が速くなったのだから感謝しろ」といわれたものです。遊び、音楽、本、スポーツとあらゆる面で兄の影響は強烈です。迷っている僕に、兄は野球とはまた違う面白さを無言で教えてくれていたといえます。

それに、僕たちが通っていた中学校は、伝統的にバレーボールが強かった。このクラブならいろんな大会に出場して、充実した部活生活が送れるんじゃないかとも考えました。

予想どおり、バレーボールには野球とは別のスポーツの楽しさがありました。野球が静から動へと移行するスポーツなら、バレーボールは動の連続。ゲームでは絶え間なく動き続け、息つく暇がありません。攻防が目まぐるしく移り変わるのも、僕にはとても新鮮でした。

ただ、強豪チームだけあって練習はハードそのもの。毎朝、授業の前に二時間の朝練があります。そのため五時に起きて、眠い目をこすりながら学校へと向かっていったものです。

朝練でタップリと汗を流した後、母がつくってくれた、まだホンノリと温みが残っているおにぎりをほおばるのですが、そのおいしかったこと。この楽しみがあったからこそ、毎朝のハードな練習にも耐えることができたのかもしれません。

激しい練習で、家に帰れば食事をするだけで、後はベッドになだれ込む毎日。でも、日を追うに連れて、僕はバレーボールの魅力を強く感じるようになりました。

一年生の秋、そんな僕のバレーボール熱のボルテージを、一層高めるイベントがありました。その二年前に行われたミュンヘンオリンピックで、日本のバレーボール男子チームは奇跡といわれる金メダル獲得を果たし、全国の少年たちに熱狂的なバレーボールブームを引き起こしています。準決勝でブルガリアを相手に奇跡の逆転を果たしたあと、決勝戦で東ドイツを破って優勝を決めた瞬間、それまでテレビアニメ「ミュンヘンへの道」で死ぬほどつらい練習を繰り返していたのを知っていたため、僕も感激して涙が止まりませんでした。

その日本チーム活躍の立役者の、松平康隆監督が、僕たちの中学校に講演にやって来られたのです。どういう経緯で監督が訪ねて来られたのか僕らにはわかりませんが、憧れの監督の話を聞けるということで、何日も前から胸をワクワクさせたものです。

その日、体育館の壇上で、松平監督が何を話されたのか。細かいところは忘れてしまっていますが、一つだけはっきり覚えていることがあります。

ミュンヘンオリンピックまで、日本の男子バレーボールは、世界の水準にあと一歩というところで及びませんでした。ソ連や東欧など外国チームに比べると、上背や体格ではかないません。しかし、それが松平監督の負けん気につながった。

外国チームが日本チームより大きければ大きいほど「負けてたまるか」とファイトが湧き、死にもの狂いでチームの強化に取り組んだ、と話しておられました。恐らく選手たちも、この松平監督の心意気に共感して、懸命に練習に取り組んだのではないでしょうか。後の話になりますが、僕が内藤監督の熱意に動かされて、ひた向きに練習に取り組むようになったのと、状況は共通しているような気もします。

その時、松平監督の話を聞いていると、子供心にも前向きな気持ちを持ち続けることの大切さがヒシヒシと伝わってきました。そして、同時にこれだけのインパクトを与えられる人物だからこそ、何人もの選手の気持ちを

松平監督と感激の対面。（正面奥が著者）

一つにして、大きな目標に向かって突き進むこともできたのだろう、と感じたことを覚えています。

ともあれ、一方的な形でしたが、この松平監督との出会いによって、僕の中でバレーボールの占める比重が、それまでにも増して大きくなったことは間違いありません。

しかし、それから一年も経たない間に、僕はバレーボールから離れなければならないことになりました。

二年生の夏休み前のことです。連日の猛練習の影響でしょうか。バレーボールでは何よりも大切な膝に故障が発生したのです。僕たちの中学校の体育館は板張りではなく、テニスコートによくある硬い床でした。そのため、激しい運動を続けると、どうしても腰や膝に強い負担がかかるのです。いってみれば、一種のスポーツ病といえなくもないかもしれませんが、それに僕もかかってしまったわけです。

三年生は、高校受験などに備えるために部活は夏休みまでで、それ以後は二年生が中心になってクラブをまとめていくことになります。僕はそれまでのセッターとしての働きが認められたのか、三年生が引退する直前に新キャプテンに選ばれていました。さあこれからが僕の出番だ、と張り切っていた矢先の出来事でした。

ある日のこと、朝練の後の朝礼で直立の姿勢を続けていると、たまらなく腰と膝が痛くなってきました。とても立っていられる状態ではないので、早退して病院でみてもらうと、腰のほうはどうということはなかったのですが、膝には水がたまっていました。以前にも一度、同じ症状が出てきたことがあるのですが、その時よりも、状態はずっと悪かった。膝小僧がまっ赤になって腫れあがっており、激痛で曲げることもできないのです。

そして、その時に僕を診てくれた先生から、これ以上バレーボールを続けると、運動ができない体になるかもしれないと、忠告を受けたのです。もともと僕がバレーボール部に入ったのは、高校で本格的に野球に取り組むための基礎体力づくりという意味もありました。バレーボールにも強い魅力を感じてはいましたが、やはり最大の目標は甲子園。その目標を達成する前に、体を壊してしまったら、それこそ何のためにバレーボール部に入ったのかわかりません。結局、本意ではありませんが、止むなくバレーボール部を退部することにしたのです。ちょうど二年生を中心とした新しいチームづくりが始まる時期でしたから、タイミングという点でも決心すべき時だったと思います。

結果的には一年半しか続かなかったわけですが、中学時代のバレーボール体験は、その後の僕にとっても大きなプラスになっています。

このダイビングキャッチは、中学時代のバレーのレシーブで鍛えられたおかげ。

バレーボールというスポーツは、絶えず屈伸や跳躍を繰り返しますから、全身のバネが強化されたことは間違いありません。それにもっとわかりやすい例をあげると、守備や走塁で果敢なプレーができるようにもなりました。

野球ではフライングキャッチといって、頭から飛び込んでボールを抑えるプレーがあります。見ている分には華やかですが、プレーヤーには恐怖感の伴うプレーです。それが僕はちっとも怖くない。後で一緒にプレーしたチームメートからは「どうして怖くないんだ」と不思議がられましたが、僕にすれば当たり前。何といっても、中学時代にはバレーボール部で、コンクリートのようなハードコートで体を投げ出してボールを受けるフライングレシーブの練習に明け暮れていたのですから——。

今になって思うと、入部前に自分で考えていたように、バレーボール体験は僕の野球生活にさまざまな形で役立ってくれているように思います。

ポニーリーグ、速球投手として活躍

腰と膝の故障のためにバレーボール部の退部を決意していた、ちょうどその頃、

「もう一度野球をやってみないか」という誘いがありました。声を掛けてくれたのは、小学校時代に少年野球を通して知り合っていたあるチームの監督さん。その人が、その頃できたばかりのポニーリーグという公式野球の小平地区のチームで監督をやっていました。まだチームをつくったばかりで、選手集めをしている段階らしく、それで僕にも声が掛かったわけです。小学校時代頑張っていたのを覚えていてくれたのかもしれません。

もっとも、当時の僕は腰と膝の故障でリタイア寸前の状態でしたから、野球は高校に入ってからにして、それまではじっくり体を休ませようかとも思っていました。だから、正直いって声を掛けられたのは嬉しいけれど、入団にはそれほど乗り気ではありませんでした。まあせっかくの話なので一度くらいなら、と思って練習に参加してみたのです。

しかし、その練習に参加して驚きました。バレーボールの練習では、ちょっと激しい動きを続けると、十分も経つと体のどこかに痛みが出てくるのですが、野球の練習では、どんなに激しく動いても体が何ともないのです。コンクリートのようなコートと土のグラウンドの違いかもしれないし、あるいは野球の動きが僕の体に合っていた、ということかもしれません。恐らくはその両方なのでしょう。

ともあれ、野球ならやれることを発見して、僕は小躍りしたいような気分になりました。それで、その監督さんに、ぜひ入団させて欲しいと今度は僕のほうからお願いしたのです。こうして、再び僕の野球生活が始まりました。

しかし、今から思うと、人生は本当に不思議なものです。もしあの時、体が悪くならなければ、バレーボールにのめり込み、ひょっとするとそのままバレーボールを続けていたかもしれません。それに、タイミングよく監督さんが声を掛けてくれたことも幸いでした。そのどちらが欠けていても、僕は野球を続けてはいなかったような気がするのです。その当時は、体の故障のこともあってウジウジと悩んだこともありましたが、大きな目で見ると、本当に状況に恵まれていたと思います。

ポニーリーグというのは、中学生を対象にした全国的な野球リーグで、僕が入団した翌年からは、毎年夏休みを利用して全国大会が開かれています。もっとも、当時は発足したばかりで、全国リーグといってもチームはそう多くはありませんでした。実力のレベルもかなり低かったように思います。そのなかでも、僕らの小平チームは弱かった。僕が入団した時は中学二年生の時でしたが、当時二年生は僕の他にもう一人だけ。あとは全員が一年生ばかりでしたから無理もありません。

しかし、チームは弱くてもこのポニーリーグ時代にはいろんな思い出が残っています。

三年生になったばかりのある日、千葉県のポニーリーグのあるチームと対戦することになり、相手チームがいつも利用している千葉のグラウンドに、乗り込んでいきました。

弱小チームだったこともあって、僕は小学校時代と同じくエースで4番。前の年に一年半ぶりに始めた野球ですが、やってみるとカンはすぐに戻り、自分でも不思議なくらいに実力が上がっていました。ひょっとすると、僕の野球人生のなかで、この頃がもっとも力が充実していたかもしれません。

その日、僕は絶好調。投げていて自分でも気持ちよくなるくらいに、ボールが伸びていくのです。三振も十数個はとったでしょうか。いつもなら、どこかでエラーなどのミスが出るのですが、この日はそれもほとんどなかった。スコアは忘れましたが、珍しく僕らのチームの完勝でした。自分が好調でチームも完勝ですから気分は最高。それだけでも十分過ぎるぐらいなのに、試合が終わった後、そんな僕をさらに有頂点にさせてくれることがあったのです。

試合後、相手チームのベンチに、全員で挨拶に出かけました。すると、試合中は気づかなかったのですが、総監督をしていた人がどこかで見覚えのある人なのです。ハテと首をひねって記憶をたどっていると、チームメートの一人が「大下さんだよ」と教えてくれたのです。

大下さんといっても、今の若い人たちにはピンと来ないかもしれません。僕だって、名前や顔を知っているのは、本を通しての知識によるものです。でも、野球をやっている者にとっては、この名前は神様のようなもの。昭和三〇年代に、赤バットの川上さんと並んでプロ野球ファンを二分したという青バットの大下弘さんなのですから。

その大下さんが、それ以上はとても望めないような嬉しい言葉を僕に投げかけてくれました。その時の言葉は今でも覚えています。

「努力すれば、キミは必ずプロ野球でもやれるようになる。精進しなさい」――こういってくれたのです。天下の大下さんに、こんなふうにほめられたのだから、僕はもう天にも昇る心地です。それからは、野球が楽しくて楽しくて仕方ありませんでした。

もう一つ、ポニーリーグ時代の思い出があります。

当時、東京でもっとも強力だったのが、江戸川チームと台東チームです。何度か対戦しましたが、両チームともレギュラーで出場している選手全員のレベルが、とても高かったように記憶しています。

そのなかで、もっとも鮮明に覚えているのが、三年生になったばかりの頃に、江戸川チームと対戦した試合。実力者揃いのチームのなかで、何と一年生が先発で起用されていたのです。バッターボックスに入ると、とても一年生とは思えない球の伸び。これは、将来大物になるんじゃないかと直感したものです。

その僕の直感は、後になって正しかったことが証明されます。その一年生投手が、誰あろう現在のチームメートの伊東昭光投手なのです。

ただし、当時の比較でいえば、ちょっとだけ僕のほうが球は速かった。その時のことを伊東投手もよく覚えていて、「栗サンは、ずっと投手でやっていくと思っていた」といってくれます。

今の僕からは、マウンドで振りかぶっている姿は想像しにくいでしょう。中学時代はチームのエースだった、といってもなかなか信じてはもらえません。伊東投手は華やかなりし僕の〝過去の栄光〟を知っている数少ない証人の一人というわけです。

少年時代、東京の小さな大会で敵味方に分かれてプレーした相手が、十数年後プロの同じチームで野球をやっているのだから、不思議な気がしてなりません。本当に世の中はわからないものです。

公式戦では伊東投手のバックで守りながら、負けないように頑張ろうと自分に言い聞かせています。

憧れの原選手と偶然の出会い

僕たちのような甲子園を目標に置く少年たちの間で、当時スーパーヒーローとでもいうべき存在だったのが、今は僕と同じスワローズで広報を務めておられる杉村さんと、ジャイアンツの主砲、原辰徳さんです。

なかでも原さんの人気は凄まじかった。僕も原さんの大ファンで、当時の高校生離れしたプレーに、胸をときめかせたものです。

もちろんプロ野球も大好きで巨人ファンだった僕は王さんや長島さんにも憧れ続けていました。でも、原さんに対する気持ちは、それとはちょっと違う。王さんや長島さんは、僕らからすれば神様のような存在。原さんは、同じ球児として、とてもカッコいい存在だったのです。

高校進学が近づくにつれて、原さんに対する憧れは募っていくばかり。今だから白状しますが、新聞などで原さんのことが載っている記事は、きれいに切り取ってファイルしていたし、バットや用具なども、できれば同じものを使いたいと思っていました。今から思うとどうしようもない野球ミーハーだったわけです。

原選手に憧れ、甲子園を目指して創価高校に入学。

そんな熱烈なタツノリファンですから、高校も原さんのいた東海大相模に進みたいと思っていました。僕が高校に進学すると三学年上の原さんは高校を卒業して、プロ入りするか大学に進学してしまい、一緒にプレーできるわけではありません。それでも僕はかまわなかった。とにかく、原さんと同じということに、強く執着していたわけです。原さんが着ていた東海大相模のあの夕テ縞のユニフォームを自分も着たい。中学校の卒業が近づくに連れ、その思いは募っていきました。

当然のこととして、僕は東海大相模にターゲットを絞り、セレクションを受けに行きました。セレクションを受けることで、原さんに自分を見てもらいたい、という気持ちもありました。自分のプレーを見てもらって、何か言葉をかけてもらえれば、と今から思うと、われながら子供っぽいとしかいいようがないのですが、そんなタツノリファンとしての心理も働いていたのです。

セレクションは何日か行われるのですが、そのなかのある日、僕の願いが見事にかなってくれました。残念ながら、僕のプレーを見てもらうわけにはいかなかったのですが、憧れのヒーローと、ホンの一瞬ですが言葉を交わすことができたのです。

グラウンドのすぐ脇に東海大相模の野球部の合宿所があるので、セレクションの受験者はそこで着替えをさせてもらいます。

その日、グラウンドでの練習を終えて着替えを済ませ、合宿所の玄関の扉を開けようとすると、何とそこに原さんがいるではありませんか。その頃の原さんは、確か大学に行くか、プロ入りするかで迷っていた時期だったハズ。いずれにせよ、野球を続けるのは間違いないので、自分だけの練習をしていたのではないかと思います。

テレビで見るユニフォーム姿の原さんもカッコいいが、目の前にいる学生服姿の原さんもなかなかさっそうとしていました。それに何より印象的だったのは、両手に大小さまざまなプレゼントをいっぱい抱えていたことです。やっぱりこの人はスターなんだ、と原さんの人気のすごさを改めて教えられたような気がしました。

憧れの人が目の前にいるのだから、それだけで僕は胸がいっぱい。とても自分から口をきくことなどできません。

そんな僕に、原さんはセレクションでのことなど一言、二言尋ね、別れ際に力強く「頑張れよ」といってくれたのです。当時の僕にすれば、まるで夢のような一瞬。そして、さっそうと歩いていく原さんの後ろ姿を見て、自分もあんなふうにカッコいい選手になりたいと、心底願ったものです。

プロ球界に入ってから、何度か原さんと話をする機会があり、一度そのことを尋ねてみたのですが、残念なことに原さんは中学生だった僕のことなど全く覚えていませんでした。でも、僕にとっては、今も忘れられないワンシーン。あの時の原さんの励ましの言葉に、僕はますます野球に対する思いを強くしたのです。

甲子園目指して創価高校へ

中学時代の僕は、心秘かに将来はプロの世界で活躍できたら、という夢を持っていました。もちろん、純粋な意味で甲子園の土を踏むことに対する憧れもありましたが、それだけでなく、僕にとっては〝甲子園〟という言葉は、将来プロ野球選手として活躍するために、踏んでおくべき最初のステップとしての意味もあったのです。つまり、当時の僕にとって、自分自身の輝かしい未来の象徴だったといえるでしょう。

東海大相模に進学すれば、その甲子園への距離がグッと近くなる。それに、原さんの存在が加わるのだから、他に選択の余地はないようにも思えたのです。甲子園出場選手だけが参加賞として手にできる、あの白いバッグが頭の中に浮かびました。

幸いセレクションではいい結果が出ていました。だから、僕が決断すれば東海大相模に進学することもできたのです。

しかし、いざ進路を決めるとなると、やはり迷いが出てきます。何といっても中学生のことですから、自分一人で志望を決定するわけにはいきません。両親や兄とずいぶん相談を繰り返しました。

両親は僕の志望に強く反対していました。野球で入るのはいい。でも、ケガでもして野球ができなくなることもあるんじゃないか、というのです。恐らく、両親の頭の中には、中学時代僕がバレーボールで腰や膝を壊したことが、頭の中にあったのでしょう。それに、野球選手としてみた場合、特別恵まれた体格をしているわけではありません。ひょっとすると、そのことも危惧していたのかもしれません。

そんなわけで、わが家では、僕の進路についてなかなか結論は下されませんでした。そんな時に、僕の住んでいた小平市にある創価高校という学校の校長先生に、たまたまお会いする機会があったのです。創価高校というと、創価学会の信徒の人たちの子弟ばかりが集まっているように思われがちですが、決してそんなわけではありません。宗教には関係ない家庭の子供たちもたくさん通っています。

その校長先生は、わざわざ家に来て、教育方針などいろいろ話して下さったのですが、その内容が素晴らしかった。質実剛健で、しかも個人を尊重する校風に魅力を感じました。

が、それより僕が魅力に感じたのは、野球部の強化方針でした。校長先生は、野球部で考えている推薦入学者のリストを持参しておられました。そのリストを見せてもらうと、僕と同年代の野球少年なら誰もが知っている名前がズラリと並んでいるのです。

中学生といっても、野球仲間の口コミなどで、実力のある選手についてはある程度把握しているものです。リストは、そんな全国に名前を轟かせている名前で埋まっていました。たとえば、大洋ホエールズにいる片岡光宏選手の名前もありました。

そのリストを見て、僕はこれなら甲子園に

高校２年生の秋、投手でキャプテンとして頑張っていた頃。

間違いなく行けると確信しました。一方両親は、学校としてのレベルの高さや、手堅い校風に共感を覚えたようです。その後いろんな人に話を聞いて、僕も両親もこの学校なら、という思いを一層強くしました。そうして、僕は創価高校への進学を決心したのです。

正直いって、東海大相模への未練を完全に断ち切れたわけではありませんでした。でも新しいチームを、自分たちの力で強くしていくことにも大きな魅力を感じていたのです。

校長先生が話していたように、創価高校の野球部は、僕たちが入学した年にようやく野球部らしくなってきたような状況でした。

率直にいって、他の野球名門校といわれる高校に比べると、設備などの点でもかなり見劣りしていたのではないかと思います。たとえば、グラウンドも充分な整備がなされておらず、あちこちにでこぼこができています。それで、僕たち野球部員が、毎日少しずつグラウンドに土を入れてはならし、安心して野球ができる状態にしたのです。

そんなふうに、野球をするための準備から始めたのですから、手間がかかるし苦しいことも多かった。でも、自分たちで野球部をつくっているという実感もありました。

ただ、僕は野球部員としての活動では、ちょっと出遅れました。今だから笑い話として話せるのですが、中学校をあと数日で卒業という時に、バカな真似をして、肩の骨にヒビを入らせているのです。

中学校で最後の体育の授業でのことでした。その日は飛び箱をやっていて、僕が飛ぶ少し前の番で、終業のチャイムが鳴ったのです。休み時間に入ったので、体育館にもたくさんの生徒が集まってくる。そこで、僕はよせばいいのにいいところを見せてやろうと、体操の選手のように、飛び箱の上で体をまっ直ぐ横にする飛越を試みたのです。

うまくやれば拍手の一つぐらいは返ってくるんじゃないかという程度の、遊び心によるものでした。ところが結果は大失敗。飛越はうまくいったのですが、勢い余って体ごと薄いマットの上に突っ込んでしまったのです。次の瞬間右肩に激痛が走り、動けなくなってしまいました。病院で診てもらうと、骨にヒビが入っており、全治二カ月という診断。まったく、自分の力を過信した無謀な行為だったわけです。そんなことで、高校に入ってからも五月頃までは、ほとんど練習はできなかったのです。

野球部に入って、最初にちょっとガックリしたことがあります。入部届を出して、新入部員全員が集まった時です。互いに自己紹介をしあったのですが、校長先生のリストにあった有名選手の名前がほとんどいません。恐らく他の野球名門校からも誘いがあって、そちらに進学したのでしょう。これで本当に甲子園に行けるのか、と暗い気持ちになったことを覚えています。

ただ、新入部員のなかに何人かは力のある選手がいたし、先輩たちのなかにも実力のある人たちがいたのは事実です。たとえば、一年先輩の中には、後で専修大学やプリンスホテルで活躍した上野さんのような人もいました。

学校では、実力強化のために僕たちが入学した年から、大学、ノンプロと野球経験の豊富な稲垣人司さんが、招かれて監督をされることになりました。

この監督が熱心というか、厳しい人で、毎日の練習はハードそのもの。たとえば、体づくりのための基礎トレーニングなどは、普通よりもゼロがひとつ多いのです。「屈伸運動今日は1000回でいいぞ」などと、平気な顔

高校時代、仲の良かった野球部で同級生の鵤《いかるが》英二君と自宅で。

をしていうのです。普通は100回もやれば、いい加減体が痛くなってきます。その十倍の量をこなすのだから大変。今思うとよく体がネをあげなかったもの。でも、この監督のおかげで部員全員の体力が確実に向上しました。

また厳しいだけでなく、この稲垣監督は、発想という点でも、とてもユニークなものを持っておられたような気がします。今でもよく覚えているのは綱渡りトレーニング。

創価高校のグラウンドは、外野部分が一般の道路に面しており、その境界にあたるところには何本もの桜の木が植えられていました。練習には邪魔ですが、もちろん切り倒してしまうわけにはいきません。

普通なら仕方がないで終わってしまうのでしょうが、そこが稲垣監督は違っています。この桜の木を練習に利用するのです。レフトからホーム、そしてホームからライトへ。一本ずつ桜の木にロープをかけ、そのロープを部員に渡らせるのです。

方法は部員しだい。たいていは手で伝うようにして渡っていくのですが、ロープから落っこちると痛いし、それに、近所の女子高の生徒が練習を見ていることもよくあって、転落すると笑い者になります。それで、彼女たちの「サルよ、サルよ」という、嘲笑に顔をまっ赤にさせながら、必死になってロープにしがみついていたものです。

また、同じ高校時代でいえば、稲垣監督の知人で樋口さんという、整体治療の先生にもお世話になりました。一年生の秋の大会の後、中学時代にバレーボールで痛めた膝が、再び悪化してきたことがありました。その時樋口先生は、曲げることもできなかった膝を整体治療で完全に治してくれたのです。

この人は、人体のメカニズムについてのエキスパートで、体の一部を触っただけで、前の日に何を食べたかいい当ててしまうほど。食事やトレーニング法などについても、いろいろ教えられました。今の僕は、残念ながらこの時に学んだことを生かし切っているとはいえません。これからは、年齢的にも、そう無茶はできない時期、樋口先生の言葉をよく思い出して、体づくりに励みたいと思っています。

涙があふれた〝最後の夏〟

このように指導者に恵まれ、ハードな練習を積んだからでしょう。入学した頃は野球名門校と比べると大人と子供ほどに実力の開きがあった僕たちの野球部も、それなりに力をつけてきました。

もっとも、目標としていた甲子園は、そう容易には近づいてはくれません。何といっても東京だけで何百という高校があるのですから。

三年生の春の大会のことでした。何校ものチームにトントンと勝ち続け、東京地区でのベスト4に進出したことがあります。あとひとつ勝てば関東大会への出場権を手に入れることができる。エースとして投げさせてもらっていた僕が燃えないはずがありません。春の大会で上位に進出すれば、夏の甲子園への大きなステップになります。ここまで来たら何連投でもして見せる、という気構えでした。

が、肝心の決勝進出を賭けた一戦で、手痛い黒星を喫してしまった。相手チームは早稲田実業で、スコアは0対3。僕の乱調も敗戦の一因でした。あと一歩という気負いのために力が入り過ぎたのがよくなかったのかもしれません。

同じ年の夏の大会は、僕たちにとって甲子園の夢を実現する最後のチャンス。この時は、

高校3年、甲子園出場に青春を賭けていた。

稲垣監督も心中期するものがあったようで、僕たち投手陣は、六月のまる一カ月、特別キャンプを張って練習に励んでいました。この時の練習がまた凄まじかった。なにしろ、投げ込みだけでも一日に200球。今、思うとよく腕が折れなかったものです。

こうした特別メニューによる体力づくりに加えて、僕たちのチームは、春の大会での実績から第2シード校に指名されていました。条件的にはかなり恵まれていたわけです。

ところが、万全の準備をしたハズなのに、いざ大会が始まってみると、ベスト16あたりのところで、いともアッサリと負けてしまったのです。ちなみに、この夏の大会で西東京地区で優勝したのは日大三高。春の大会では、僕たちがコールド勝ちしているチームです。野球の難しさをあらためて知らされた様な気持ちでした。

ゲームセット目前、高校生活の全てをかけてやってきたことが終わろうとしている時（かなり点差があったので、何となくもうだめかなという気持ちはあったのです）、悔しいとか、そういったものではなく、何の感情もなく、涙が流れてきたのを覚えています。それは、三年間やってきたことへの思いだったのかもしれないし、甲子園に行くことのできない悔しさ、そして、監督、部長、校長先生への申し訳なさと感謝、どういう理由かはわからないのですが、頭の中は本当にカラッポになっていました。そして、なぜか涙だけがあふれてきたのを昨日のことのように思い出されます。

今考えると、いい結果は出せなかったかもしれませんが、少ない野球部員の中で、みんなで頑張ってきた三年間に自分で感動していたのかもしれません。

悩み続ける進路の選択

夏の高校野球大会が終わると、甲子園を目指して猛練習に明けくれていた高校球児には、心の中に穴があいたような一種の虚脱状態が訪れます。東京地区でベスト16を賭けた試合で敗退してからは、何となくボンヤリとした日々が続いていました。

しかし、そんな焦点の定まらない日々を、長く続けることはできません。高校三年といえば、人生のなかでも最も重要な進路の選択の時期。野球少年だった僕にとっても、そのことは変わりません。夏が過ぎ、秋になると、僕も卒業後のことを真剣に考えないわけにはいきませんでした。

僕は大学に進んで、これまでと同じように野球を続けようと思っていました。できれば、東京六大学のどこかに入って学生野球のメッカである神宮球場で思う存分プレーしたいと考えていたのです。

前にもいったように、僕は中学時代から、当時は高校球界のスターだった原辰徳さんに憧れ続けていました。その原さんが、東海大学に進学して、大活躍していたことにも影響されていたのは間違いないでしょう。大学は四年間ありますから、僕が進学した年に原さんは四年生。ひょっとすると、同じグラウンドで原さんと野球ができるかもしれない、と頭の片隅では考えていたかもしれません。

現実はなかなか思うようにはいかないものです。結局、僕は野球の名門校とはほど遠い東京学芸大学に進学するのですが、進路選択を考え始めた時点では、野球のことで頭がいっぱいだったのは事実です。

余談ですが、高校時代野球以外に面白そうだと思った職業がたった一つあります。今だからいえるのですが、それは俳優です。

これは友人の影響によるもの。高校時代、軟式テニスで活躍していた悪友の一人が、休日になると東京近郊の撮影所に出かけて、エキストラのアルバイトをやっていました。そして、翌日、撮影中に起こったスタジオでの出来事を面白おかしく、話して聞かせてくれるのです。

「女優のKは1シーンとるのにNGを30回以上繰り返してた。ホント、根っからの大根だぜ」とか。

「昨日は五時間もフロにつかりっ放しで、体がふやけてしまった。途中でお湯がさめて、カゼをひいちゃった」

といった具合です。

根がミーハー的な部分があるのに加え、その悪友の話しぶりが面白く、撮影所での生き生きとした仕事ぶりが心地よく耳に響いてきます。それで、半ば冗談で、高校を卒業したら二人で俳優になろうと話し合ったこともありました。

その悪友はなかなかに熱心で、ここが一番の近道と、文学座に出かけて劇団員募集の案内をもらってきていたほどです。その熱心さが僕にも乗り移ったのでしょう。夏の大会が終わった後友人たちから「関取」とからかわ

進路の問題などで、一緒に相談しあった友人たち。

れるほどブクブクと太った体重を、これでは「三枚目にもなれやしない」と本気でダイエットを試みたこともあるのです。

もっとも、この俳優志望は、僕にとっては一種の熱病のようなものだったのでしょう。あれほど文学座にご熱心だったその悪友も、高校卒業後は、僕と同じようにフツーの大学に進学しています。その後も彼が俳優になったという話は聞いたことがありません。

今から思うと、現実性のない俳優志願は、進路の選択に悩んで落ち込んでいた僕の現実逃避だったのかもしれません。

前にもいったように、僕自身の気持ちとしては、何としても六大学に進み、神宮球場で思い切り野球をしたいと思っていました。実際に六大学のうちの何校かのセレクションを受けたのですが、そのなかには手応えのある返事を聞かせてくれたところもあったのです。

でも、高校を受験する時と同じように、〝野球での進学〟には両親が反対していました。理由も高校の時と同じだったと思います。セレクションで入学すると、待っているのは当然〝野球漬け〟の大学生活。それで、卒業後プロやノンプロに行ければいいが、どこもとってくれなければどうするのか、というのが両親の意見です。体格や素質の面で野球選手としてあまり恵まれているとはいえない僕の将来を気遣ってくれての意見です。

そういわれると、僕は二の句を継ぐことができません。同じ高校生でも素質に恵まれ、将来が有望視されている選手には、各大学が引くてあまた。そればかりか、ドラフトを通してプロからも声がかかっています。

でも、僕にはどこからも誘いがかかりませんでした。辛うじて六大学のセレクションにひっかかっている程度。そのことを指摘されると、とても「将来も野球で生きていく」などと、強い言葉を口にすることはできませんでした。それどころか、有力選手が集まる六大学の野球部で、果たして自分がどこまでやれるのか、と逆に不安に襲われる始末です。

そんな状態で、秋から冬にかけて、僕は気持ちの落ちつかない悶々とした日々を送って

甲子園という目標は果たせなかったが、3年間悔いのない野球生活だった。

いたのです。

そして受験シーズンが近づいてきた頃、「野球での入学」に反対されるのなら、実力で入ればいいと思い、六大学の何校かを志望校に選びました。その時に、ついでといっては怒られるかもしれませんが、ホンの軽い気持ちで、東京学芸大学も受験することにしたのです。受験の動機といってもとくにはなく、遊びやスポーツで何かと影響を受けていた兄が、同じ大学に進んでおり、親近感を覚えていた程度です。

でも受験を決めてからは、そんないい加減な気持ちが少しずつ変わってきました。受験勉強の合い間などに、ふと自分の将来を想像することがあるのですが、そんな時、学芸大学に入って学校の先生になるのも悪くないと考えるようになったのです。

僕がそう考えるのも無理はありません。その時までずっと忘れていたのですが、僕は小学校時代に〝将来の夢〟というテーマの作文で、「将来はプロ野球選手になり、引退後はプロゴルファーになり、年をとったら学校の先生になりたい」と書いているのです。

何と欲張りな子供だったのか、と自分でもあきれてしまいますが、あるいは僕の気持ちの中に、潜在的に〝先生願望〟のようなものがあったのかもしれません。

現在は中学校で教鞭をふるっている兄が、当時大学の三年生。教育実習で子供を教えた経験話を聞いても、先生という職業はとても魅力的に思えました。自分が何かを教えることで、子供たちがホンのわずかずつではあっても、確実に成長する。その手応えがたまらないというのです。

そんな兄の話に、気持ちはさらに大きく傾いていきます。両親も「学校の先生なら英樹にもできるかもしれない」と双手をあげて大賛成です。こうして僕は、大学受験を境に、野球選手から学校の先生へと志望を大きく転換させるのです。

野球への思いが完全にフッ切れたわけではありませんが、不安のつきまとう野球生活と、先生という職業の魅力や安定性、それに両親の満足感などをいっしょくたにしてハカリにかけると、後のほうが重かったということでしょう。

そんな複雑な気持ちの整理を迫るかのように三月のある日、東京学芸大学から合格通知が届けられました。学校の先生を目標にした大学生活の始まりです。

第三章

教職への道

アルバイトで教えることの難しさ実感

もし僕がプロ野球選手になっていなかったら——。毎年、シーズンのスタートが近づくと自分がプロ野球選手でいることを不思議に思うと同時に、そんなもしもの世界を想像することがよくあります。

もしプロ野球選手になっていなかったら、僕は恐らく学校の先生になっていたでしょう。子供たちからすれば、ちょっとおっちょこちょいで頼りなく感じる先生かもしれません。でも、一緒に遊んだり、勉強したり、またスポーツに汗を流したりする、熱中タイプの先生になっていただろうとも思います。実際に教師という職業に就いているわけでもないのに、こんなことをいうのは生意気かもしれませんが、僕はできる限り子供たちと同じ目の高さで、物を見、考え、話すことから出発する、そうすることで子供たちの成長を共に実感することができるのではないかと思います。

大学時代、講義や塾のアルバイト、教育実習などさまざまな体験を通して、教育についてはいろいろなことを考えさせられました。実をいうと入学前から、同じ大学で、すでに教育実習生として教壇に立った経験を持っている兄の話で、子供たちと接することの楽しさを聞いてはいました。

しかし、大学に入っていろんな形で実際に子供たちとつきあってみると、それが思っていた以上にやりがいのある仕事であることがわかったような気がしました。もちろん、時には腹立たしいことや、イライラさせられることもあるでしょう。でも根気よくつきあいを続けていけば、子供たちが何かをやり遂げた時、一緒になって大きな歓びを感じることができるのではないかと思うのです。

そんな手応えを最初に感じとったのは、一年生の時の、ある学習塾でのアルバイト講師体験です。

教師を目指して学芸大学に入学した当時。

大学に入ってからも、もちろん野球を続けていましたが、高校時代のような野球漬けの毎日ではなく、週に一度は休日が設けられていました。その休日を利用してアルバイトにも精を出していたのです。

その学習塾で僕が受け持ったのは、高校受験を控えた中学三年生のクラスで、生徒は十人前後。科目は数学でした。当時は、今のような塾のブームは起こっていなかったし、町の小さないわゆる学習塾ですから、指導のシステムもそれほどキッチリしたものではありませんでした。

だから、同じクラスにいる生徒のレベルも千差万別。大学生の僕が頭を抱えるような難解な証明問題をスラスラと解いてしまえる子供もいれば、逆に、とても平均レベルに達しているとはいえない学力レベルの子供もいたのです。

講師として、何よりも重要な問題だと思ったのは、その平均以下の子供の力をどうして伸ばしていくか、ということでした。こんないい方をすると、子供を塾に送り出している両親に叱られるかもしれませんが、できる子供は、放っておいても自分の力でどんどん前に進んでいく。僕たちが手とり足とりで教える必要はありません。おかしな注意をして、逆に足を引っ張る結果になることもあるかもしれません。できる子供は、コミュニケーションの場として塾を利用してくれればいいと思いました。

しかし、できない子供の場合はそうはいきません。他の子供たちが、前にいけばいくほど、取り残され、少しずつ孤立していくのです。そんな状況では、勉強そのものがイヤになってしまうでしょう。そんな子供をこそ、僕は懸命に教えなければと思ったのです。

一人、ほんとうに困った子がいました。中学校三年生といえば、普通の学力なら、二次方程式ぐらいはスラスラと解いてくれなければ困ります。それが、その子は小学生でもできる分数の計算ができないのです。そもそも分数という概念がわかっていません。

最初の授業で、簡単なテストを行ってそのことがわかった時、僕はショックを受けました。当時から〝落ちこぼれ〟という言葉がよく使われていましたが、そんな子供がまさか、自分の目の前に現われるとは思っていなかったのです。

でも、だからこそ何とかしなければなりません。僕は性根を据えて、その子供に接していこうと、心に決めたのです。

授業は一時間三十分。最初の三十分間で、全体の進行に基づいたその日の学習テーマを説明し、みんなで例題を考えます。後は応用問題を自分でやってもらう。その時間に、僕はその生徒の机の前に自分の椅子を持って来て、二人で分数の問題を考えるのです。

そんな授業を何日繰り返したでしょうか。何週間か経って、その子が二つの数の分母を等しくする〝通分〟を理解してくれた時は、大袈裟ないい方かもしれませんが、ジンとくるものがありました。

僕が、塾講師のアルバイトを続けていたのは半年余りで、成果といえるようなものがどれほどあったか疑問ですが、その子の力を、ほんのわずかでも引き出すことができたとすれば、それが、自分にとっての大きな収獲だったように思います。

分数の計算云々といった結果論ではありません。率直にいって、その子は勉強に対する意欲を失っていました。自分が取り残されていることに対してコンプレックスのようなものがあったのでしょう。勉強に対して臆病になっていたのかもしれません。塾に通うようになった動機も、両親にいわれたからというものでした。

それが、マン・ツー・マンで問題を考える時間を通して、前向きに勉強に取り組もうという意欲をみせてくれるようになった。そのことが、とても強い手応えを僕に与えてくれたのです。子供の立場になって、一生懸命に教え続けた。教えた、というよりは一緒になって考えたといったほうがいいでしょう。そんな僕の熱意にその子供も懸命に応えてくれたのではないかと思うのです。

その子も含めて、受け持っていたクラスの子供たちは、全員無事に受験を乗り切ることができました。その報告を受けた時は、嬉しいというよりも、何だかとてもホッとした気分になったことを覚えています。

わずか半年間のつきあいでしたが、その間僕は、子供たちとのコミュニケーションを何よりも大切に考えました。そんな気持ちが通じたからか、中には、僕がアルバイトをやめてからも、手紙を書いてくれている子供も何人かいました。

その手紙を読み返すたびに、当時を懐しく思うとともに、貴重な体験をさせてもらったと、子供たちに感謝したいような気持ちになります。

水泳、ピアノと単位取得に大苦戦

塾の講師のアルバイト以上に、僕に子供たちとつきあうことの難しさ、楽しさを教えてくれたのが、三年生から始まった教育実習です。

でも、そこに至るまでには、いくつかのハードルを飛び越えなければなりません。教育実習生というのは、いってみれば、自動車教習所で仮免許をもらって一般道路を走っているドライバーのようなもの。仮免許をもらうのにある程度の教程を終えていなければならないように、教育実習生になるのにも、一定のカリキュラムをこなしておく必要があるのです。

そのカリキュラムのなかには、今思っても「よく単位が取れた」と思うものもいくつかありました。教育実習での体験を話す前に、まずいくつかの授業の中身についてふれておきたいと思います。そのほうが、僕の大学生活がどんなものだったか、よくわかってもらえるような気がします。

前にもいいましたが、僕が通っていた東京学芸大学は、学校の先生を志望している学生が集まっている大学です。そのため、カリキュラムも他の大学と少し変わっています。とくに、僕の場合はカリキュラムの組み立てが、野球でいえばユーティリティ・プレーヤーの

野球部仲間で、キャッチャーをしていた林徹君。よく本を読むヤツだった。

小学校の先生と、中学校の体育の先生の、二本立ての志望に基づいていたので、実習科目のクリアが大変でした。

なかでも、一時はどうなるかと思ったのが体育の水泳実習のテストです。プロ野球選手であるスポーツマンが、体育のテストで苦労したというのは変に思われるかも知れません。

しかし、言い訳をさせてもらうなら、僕が子供の頃は、水泳は肩を冷やすので野球によくないといわれていました。大学に入ってからはその反動もあってか、プールの監視員のアルバイトをやったりもしているのですが、高校までは体育の授業以外ではほとんど泳いだことがなかったのです。

それより何より、そのテストというのが超ハードな内容。何と五時間、ぶっ続けに泳がされるのです。

試験が行われるのはプールではなく、千葉の岩井海岸の海。港と数キロ先に浮かんでいる島の間をモーターボートに先導されて、往復泳ぎ続けるのです。先輩から大変だとは聞かされてはいましたが、試験を受けるまでは、海だから放っておいても体は浮き続けるので何とかなるだろうと思っていたのです。

それが、いざ始まってみると、とてもそんな甘いものではありませんでした。まず、最初の一時間で口の中に入る潮水で舌が完全にマヒします。栄養補給のためでしょうか。途中二、三回氷砂糖をくわえさせてもらうのですが、最初は全く味を感じません。何分か口の中で転がしているうちに、ようやく甘味がわかるようになります。水の中にいる時は、その甘味が何ともいえずホッとします…。

さらに一、二時間ほど経った頃から、自分でもわかるくらいに手足の筋肉が硬直し始めます。それで、どうしようもなくなったら、モーターボートに何分間か引張ってもらって、その間に休憩をするのです。僕も二回引張ってもらったのですが、この時の気持ちのよかったこと。

今から思えば、もう少し休憩をとればよかったのかもしれませんが、もちろんテスト中にそんなことを考える余裕があるはずがありません。さらに泳ぎ続けると、四時間ぐらい経ったころから、激しく体が冷え込んできます。最後の一時間は手足の筋肉はひきつっているし、全身の皮膚の感覚もマヒしてしまっている。泳いではいたのでしょうが、自分でも手足を動かしているのがわからないという状態でした。

泳いでいると、他にも神経を遣わなければならないことがあります。五時間も泳ぎっぱなしなわけですから、その間には、当然生理現象が起こります。海の中ですから、シャーとやってしまうことになるわけです。

野球も、学園生活もこの頃はとても楽しかった。

これが、最初のうち出ないのです。したいのに出てこないのです。これができなくて、途中で上がってしまう人もいるくらいで、一回出してしまえば平気なのですが、本当に最初は困りました。それと、前の方を泳いでいる人間はいいのですが、後ろを泳いでいる人間は本当に困ります。急に水が温かく感じて、それは、確かに前のだれかのものなのですから。しかし泳いでいる時は、もう五時間泳ぎきるのに必死で、そういったこともたいした問題ではなくなってくるものです。そんな笑い話のような苦労もあっただけに、「目標、島の突端」という試験終了の合図があった時は、心底ホッとしたものです。

同じように、実習科目で苦労したのが、音楽の授業です。都会では、専門の先生がいるのかもしれませんが、地方では全科目教えなければなりません。音楽の授業のなかにはピアノの演奏実習も含まれています。

小学校の先生を志望している男子学生の中には、それまで一度もピアノを弾いたことのない無骨なやつもいて、そんな学生が太い指を不器用に運ばせて、必死になってバイエルを練習している姿はユーモラスで吹き出しそうになります。もっとも、僕もその一人だから人のことは笑えないのですが。

テストが近づくと猛練習を繰り返します。僕も、以前からピアノを習っていた友人に、何日間も個人レッスンを受けたものです。おかげでテストはパスしましたが、その時つくづく感じたのは、自分の音楽面でのセンスのなさ。聴くことは好きなのですが、演奏となるとからっきしで、だいたい右手と左手で異なるフレーズを弾けることが、僕には不思議に思えてなりません。何年経っても、この思いは変わりません。

恐ろしい「人体解剖」見学

もう一つ実習ではありませんが、僕の大学では、その試験の厳しさから名物になっていたのが「運動生理学」の授業です。

この分野においては日本でも有数のオーソリティといわれる小野三嗣という先生の授業です。プロ野球の世界でも知られた先生で、確か僕がスワローズに入団した年にも、大洋ホエールズに招かれて講演をされていた記憶があります。

小野先生は、常々「子供を預かる教師は、当然の務めとして、人体のしくみについても把握しておかねばならない」と話しておられました。たとえば、体育の授業で万が一子供が何らかの事故を起こした場合、これからは現場の責任者である先生も、法廷に立って経緯を説明しなければならないような時代がやってくる。その時に、正確な話をするためにも人体の勉強をしておくことが大切だ、というようなことをいっておられたと思います。

そんな先生の考えを反映して、試験の方法もユニークなものでした。他の授業のようなペーパーテストは一切なく、半年間で二十回足らずの授業を通して、先生から出される質問に三度正確に答えれば、それで単位がもらえるのです。しかし、それが難しい。この方法で単位をもらった者は僕たちのクラスでは一人もいなかったと思います。

運動生理学は必修科目ですから、この授業の単位をもらえなければ卒業はできません。みんな一生懸命予習をして授業に出るのですが、それでも先生を納得させることはできません。

小野先生の厳しさは、兄から聞いて知っていました。兄もこの授業ではなかなか単位が取れず、わずか1単位のために、あわや卒業延期かという事態になったらしいのです。

僕もいろいろ考えて、この授業を履修済みの先輩に頼んで、一緒に授業に出てもらったりもしましたが、それでも質問にうまく答えることはできませんでした。結局は、最後に口頭試問という形でテストが行われることになります。このテストの方法がまた型破りなもので、先生は予め30のテーマを学生に発表し、そのうち1テーマについて答えさせるというものです。ただし、自分にどのテーマがまわってくるのかは、その時になってみないとわかりません。当日、先生の研究室に入り、目前に置かれたくじを引いてテーマが決められるのです。

30のテーマが発表されるのは、テストの一週間ほど前ですから、とても全てのテーマについて先生を満足させられる答えを用意することはできません。そこで、僕は運を天に任せるつもりで、ヤマを張ることにしました。

テーマを四つに絞り、これなら確実に答えられると判断できるところまで深く掘り下げて勉強したのです。残りの26テーマに対しては、本当に表面的な準備だけでした。

くじを引く瞬間、心臓がドキドキ音を立てているのを感じました。ヤッタ！見事四つのうちの一つを引き当てました。心の中で思わず、ガッツポーズです。その時のテーマは、

同じ大学を兄はひと足先に卒業し、教師になった。

今でもはっきり覚えていて「人間の付属器の持つ意味について」というものでした。三分間ぐらい、澱みなくとうとうと話し続けていると、ほとんど質問をされないまま、先生からＯＫが出されました。その時は、もう嬉しいやらホッとするやら。こうして、僕は冷や汗ものでしたが、卒業の最難関を突破したのです。

その他、印象深かった授業に慈恵医大病院で行われた「人体解剖学」の実習があります。これは、僕にとって考えさせられることの多い体験でした。

僕は、元来この手の授業が苦手です。実をいうと、小学校の時のカエルの解剖の実験でも、少し気分が悪くなったほど。しかし、人間の体の構造には興味があったので、不安はありましたが、精一杯知識を吸収してやろうという意気込みで臨んだのです。

病院につくと、いきなりホルマリン漬けにしてビンの中に入れられた人間の内臓を見せられました。気持ちのいいものではありませんが、ビンの中に閉じ込められていることで、ある程度冷静に観察することもできました。

ところが、その標本見学が終わると、そうはいきませんでした。次に待っていたのは、その日のメーンイベントともいうべき、人体解剖現場の見学。医学生が実際に人体解剖するのをすぐ脇で見学するのです。

後方から見ていると、担当の先生や医学生が、まるで牛をさばくような手つきでメスを操っています。僕も間近で人体の内部を見てみようと前に進み出ましたが、その体を見た途端、思わず顔をそむけてしまいました。腐らないように、予め内臓は除去してあるのですが、それでもまともに見られたものではありません。

そんな僕らの困惑を知ってか知らずか、先生は「これが大腿直筋」「これが腹直筋」といった具合に、一つ一つ体の部分をピンセットでつまんで見せてくれるのです。部屋の中はホルマリンのあのムッとする臭いが充満しているし、そんなこんなで気分はすっかりめげてしまって、その授業の後は、何週間も肉が食べられなかったほどです。

というわけで、僕にとってはとてもヘビーで、その場にいるのが精一杯という状態でしたが、学んだことも決して少なくはありませんでした。

なかでも、とくに強く感じたのは、人間の体が実にうまくできているということです。とくに僕が驚いたのは、体の各部分の連携の素晴らしさ。たとえば、手首の腱の一本を引っ張ると、死体であるにもかかわらず、腕全体がピクピクと生きているかのように動くのです。そのメカニズムの精巧さには、本当に感心してしまいました。

また、人体にとって健康とはどんなことなのかもわかったような気がします。人体解剖の見学の時に、タバコを吸っていた人の肺と、吸っていなかった人の肺を見比べさせてもらったのですが、状態が全く違っていたのです。吸っていた人の肺はどどめ色というか、濁った灰色なのですが、吸っていなかった人の肺は、鮮やかなピンク色。やはり、健康な人は内臓も生き生きとしているものだと思ったことを覚えています。

それと、今の自分が肉体的にどれほど恵まれているかということも痛感させられました。人体解剖の見学の前のことですが、水頭症という難病にかかって亡くなった子供を見る機会がありました。気の毒に、その子は生まれながらにして、この難病を抱え込んでいたそうです。その悲惨な有様を見て、改めて健康でいる自分の幸福さをつくづくと感じたものです。

教育実習、初体験

こうしたさまざまな授業を受けながら、いよいよ三年生から、卒業後のリハーサルともいうべき、教育実習が始まります。

小学校と中学校の体育の先生と、二つの教職資格を取ろうと思っていた僕は、三回、実習生として教壇に立つことになりました。まず、最初は三年生の秋に大学の付属小金井小学校での教育実習。今から思うと、これは実習生に場数を踏ませて、教えることに慣れさせるための小手調べのような意味があったのかもしれません。期間も短いし、それに子供たちも教育実習に慣れているのでしょう。とても素直に、いうことを聞いてくれました。

何といっても、教壇に立って何かを教えることなど、生まれて初めての経験です。実習が始まる前の晩は、緊張してろくに眠ることもできませんでした。が、いざ授業を始めてみると、自分の思っていた以上に子供たちが反応してくれるので、僕のほうが拍子抜けしてしまったくらいです。

しかし、四年生になってからの二度の教育実習は違っていました。最初の実習に比べる

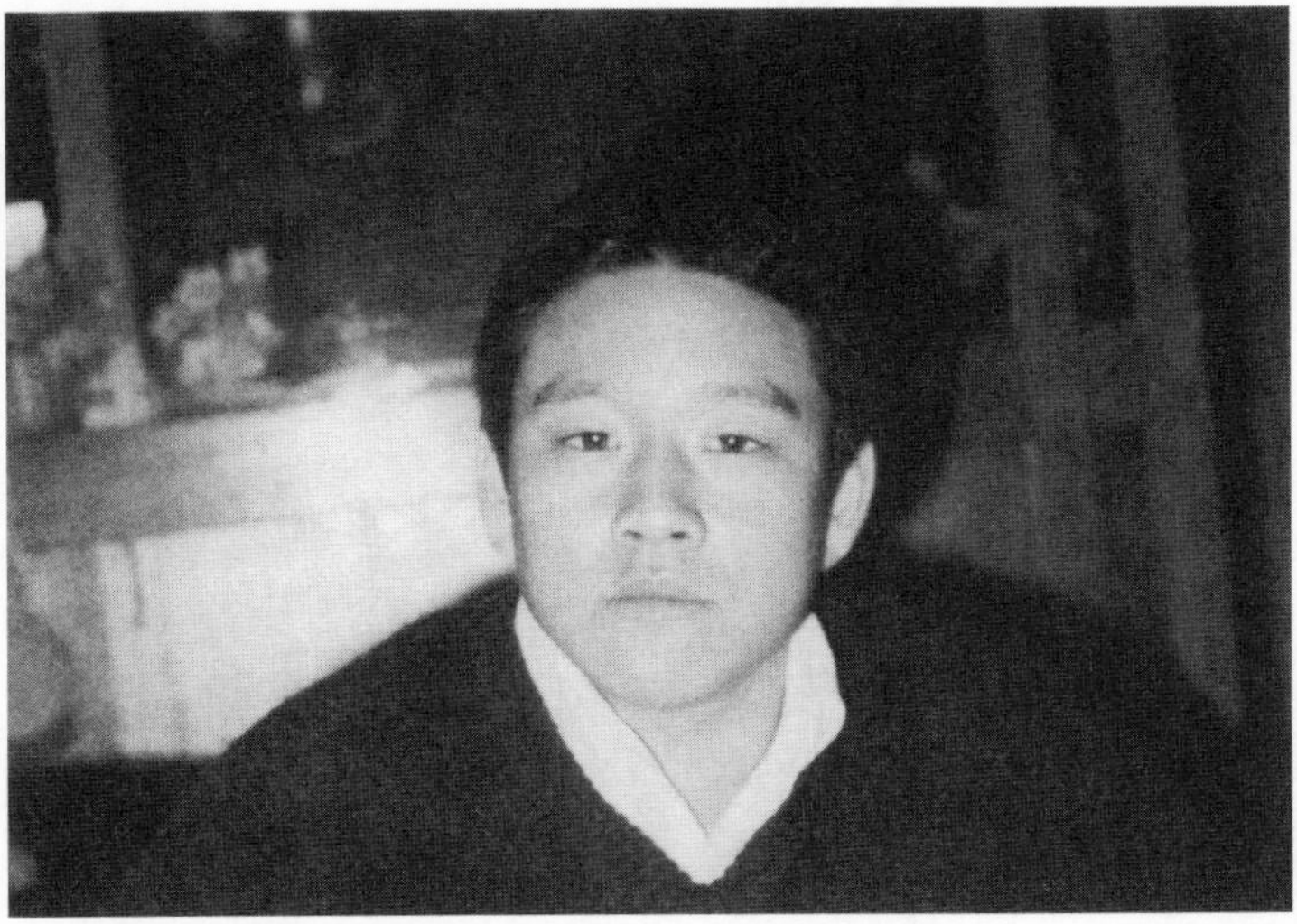

生まれて初めて、教壇に立った頃。

と、二週間から三週間と、期間が長いこともあってか、子供たちとも親密につきあうようになります。それだけに楽しいこともあれば、困らされることもあり、同時に、先生という職業の難しさを考えさせられることもありました。

二回目の実習で僕が行くことになったのは、これも付属の大泉中学というところ。この実習は中学校の体育の資格を取るためのものですから、当然体育の時間を受け持ちます。たしか、三年生の授業が多かった記憶が残っています。

この実習は本格的です。一日に何時間もの授業が組まれていますから、朝までかかってそれぞれの授業の指導プランをまとめますが、実際に授業が始まってみると、子供たちはそうそう自分の思うようには動いてくれません。時にはすっかり子供たちのペースに乗せられて、せっかくつくったプランのことなどまるで忘れてしまって、彼らといっしょにスポーツをしながら遊んでしまうようなこともありました。

驚かされたこともあります。この教育実習では、男子だけではなく女子の授業もみていましたから、女生徒たちとも仲よくなります。

最初は、何か失敗をした時などに「カーワイイ」などといってからかわれるだけでしたが、何日か経つと、昼休みにお弁当を持って体育教官室に遊びに来るようになります。そうして、親密さが高まると生徒たちの冗談もどんどんエスカレートするのです。一度など三年生の女生徒がやってきて、片目をつぶって「先生、今晩添い寝してあげようか。三千円でいいよ」などといい出す始末。思わず口の中に入れていたごはんを吹き出しそうになってしまいました。

僕がウブだったこともあるのでしょう。たあいのない冗談とはわかっているのですが、思わず返す言葉を失いました。そんな僕を見て、その女生徒は「先生、赤くなってる。カーワイイ」というのだから、ホントにどっちが先生かわかりません。

もっとも、中学三年生といえば十五歳。大学四年のボクは二十一歳ですから、年もそんなに変わりません。先生というよりも、一緒に冗談をいい合う兄貴みたいに思われていたのかもしれません。

それにしても実習を始めるまで中学生なんてまだまだ子供と思っていましたが、それが、いわゆる〝耳年増〟だとは思うのですが、女生徒たちの口から、きわどいセリフがポンポンと出てくるのには驚きました。

また、この実習では感銘を受けたこともありました。先生が担任のクラスを持つように、実習生も一つのクラスを担当することになるので、授業以外でも、たとえばホームルームの時間などには教室に顔を出していろんな問題を一緒に話し合うわけです。

僕の担当は三年生のあるクラス。そのクラスに、とても明るくて元気な女生徒がいたのです。何か困ったことが起こると、解決策を提案して、みんなを引張っていくような存在。学級委員長的なタイプとでもいえばいいのでしょうか。

毎日放課後になると、僕は担任の先生と、クラスの運営のしかたや生徒の指導法について話し合い、いろいろ教えてもらうのですが、一度その女生徒のことが話題になったことがありました。僕が「あの子は、よく頑張ってますね」というと、その担任の先生は「本当にそうなんだよ」と、その女生徒の境遇を話してくれたのです。

何でも、幼い頃に両親を亡くし、兄弟とお

冬休みには友人たちとスキー旅行にも行った。左が新井君。中が遠藤君。

ばあさんと一緒に暮らしているらしい。兄弟も、まだ学校に通っているので、自分の身の周りのことは、ほとんど自分でやっているというのです。

その女生徒のハツラツとした態度の陰に、そんな不幸な境遇が隠されていたとは、夢にも思いませんでした。と同時に、その女生徒のけなげさに感心しました。そして、ともすれば生活に流されがちな自分を顧みて、もっと頑張らなくっちゃと、自分自身を叱咤激励したものです。

この女生徒は、僕が実習を終えてからも手紙をくれています。一昨年にもらった手紙では無事大学に合格したという明るいニュースが書かれており、相変わらず元気にやっている姿が目に浮かんで、ホッと胸を撫で下ろしました。この女生徒の手紙を読むと、僕はいつも元気づけられ、ちょっと大袈裟ないい方かもしれませんが、与えられている場所こそ違うものの、共に人生を戦う仲間のような気がすることもあるのです。

冷や汗ものの研究授業

中学校での教生体験の後に待っていたのは、地元小平市立第十二小学校での教育実習です。

小学校の場合は、中学校と違って、特別な授業を除いては一クラスの授業をそっくりみるから大変です。授業だけではありません。学校でのいろいろな体験を通して、集団生活の基礎を一緒に考えなければなりません。

ところが、ここでも、また逆に僕が教えられてしまいました。三週間の教育実習の間にはいろいろ学ぶことも多かったのですが、もっとも印象深かったのは、僕が子供たちのルールを破ってしまった一件です。

僕が受け持ったのは六年生のあるクラスですが、担任の先生が教育者として一本筋の通った立派な方でした。

僕は実習を始める前にたった一つだけ「子供たちが、みんなで決めた約束だけは守ってあげて下さい」と注意されました。その時は、言葉の意味がよくわかりませんでしたが、何日かすると身をもって教えられることになります。

何の授業だったか忘れましたが、ある時クラスの子供の一人が教科書を忘れてきたことがありました。そのクラスでは、学級会で、教科書を忘れた場合は立って授業を受けると決められています。でも、僕はそれはちょっと厳しすぎるような気がしたので、次からは絶対に忘れないように、と注意して、他の子供と同じように椅子に座らせて授業を受けさせたのです。

その時は、それでどうということはありませんでしたが、何日か後の学級会の時間に、ある子供が僕に向かってこんな質問をしたのです。

「先生、ルールは守らなくてもいいんですか。それなら何のためにルールはあるんですか」

最初は何をいっているのかわかりませんでしたが、すぐに教科書の一件に思い当たりました。その子供は、学級会で決めたルールを、何のことわりもなく一方的に破った僕を非難しているのです。

そういわれて、やっと僕は自分の至らなさに気づかされました。僕自身は、子供のためによかれと思ってやったことなのですが、それが結果的には子供たちの気持ちを踏みにじることになったのです。僕は、子供たちに素直に「ゴメン」と謝りました。

担任の先生のいわれた言葉の重みを今さらながら思い知らされました。子供だからといって、いや、子供だからこそ、おかしなごまかしは通用しません。一人の人間として、キチッとつきあわなくてはならないと、強く自分にいい聞かせたものです。

もう一つ、同じ小学校の教育実習で忘れることのできないのが、実習の最後の日に行われた教育委員を招いての研究授業です。

これは、一種のモデル授業。実習生の授業を先生方が見て、終わった後でその授業を通して、実習生にさまざまなアドバイスや注意が行われるのです。授業を見るのは教育委員と学校の先生全員。一方、実習生は六人いたのですが研究授業は一回きりですから、実際に授業する実習生は一人だけ。何の因果か、僕がその一人に選ばれてしまったのです。

いってみれば、まな板の上の鯉のようなもの。でも、曲がりなりにも六人の実習生を代表するのだから、恥ずかしい授業はできません。幸い科目の選択は自由なので、僕は一番自信のある体育を選び、中学校での経験も生かして、自分では完璧と思える指導プランを練りあげました。体育の授業というと、一人一人の子供の動きが目に見えるので、そう難しくはないと思われるかもしれません。しかし、実際は進行の状況を考えたり、子供たち全員の運動量が同じになるように組み立てることなど、難しい点も少なくないのです。

さて、その当日。僕は種目としてバスケットボールを選んでいましたが、子供たちの雰囲気がいつもとは、まるで違っているのです。動きもぎこちないし、表情も強ばっています。無理もありません。学校中の先生方が、自分たちのまわりをグルリと取り囲んでいるのですから硬くなるのが当たり前です。

ちょっと体を動かせば、子供たちもリラックスするかと思ったのですが、準備体操やボールを持っての基本動作の練習を終えても、ロボットのような動きは変わりません。そこで、ジョークの一つでもいって雰囲気をなごませようと思い、子供たち全員を集めて、こういったのです。

「今日はみんな、ちょっと頭が固いぞ。運動だって勉強と同じで、頭が固いとなかなかうまくはならないぞ。ちょっと頭をもんで、柔らかくしてから試合を始めような」

――僕としては、あくまでも軽いジョークのつもりです。ところが、子供たちの反応は違っていました。笑い一つ出てくるではなく、全員が真剣な表情で本当に頭に手をやってグリグリとやり出したのです。これには、こっちがまいってしまいました。周りの先生方が笑い出し、その笑い声が、さらに子供たちの表情を一層硬くさせるのです。

冷や汗をかきながら、何とか授業を無事に終えることはできましたが、子供たちの感受性の鋭さに、先生という職業の難しさをまた一つ教えられたような気になりました。

月日の経つのは本当に早いもので、その時に一緒に勉強し、遊んだ子供たちも、今は大学生です。実をいうと、つい最近もその中の一人と偶然出会うことがありました。信じられないくらい大きくなっていて、あの時の子供がこんな年頃になったのか、とやはり感慨

ゲームが終わった後、野球部の仲間たちと。

深いものがありました。

学校の先生を仕事としている兄が、

「教え子が成長して、いろんな話をしてくれるのが、俺の仕事の一番の喜びだな」

とよくいうのですが、その気持ちが少しはわかったような気がします。

ともあれ、教育実習では実にさまざまな体験をさせてもらうことができました。結果的に僕は、学校の先生にはならなかったけれど、大きな意味で人生のプラスになっていると思います。お世話になった先生方や、短い間だったけれど僕を親ってくれた子供たち。本当に有難うございました。この場を借りて、感謝の気持ちを伝えたいと思います。

感激の大学選手権出場

大学時代の四年間には、多くの思い出があります。もちろん、野球部での活動も忘れることはできません。

大学時代の野球部には、ある種の同好会的な要素もありましたが、だからこそ印象深い思い出になっていることもあるのです。

大学の野球部で一番強く感じたのは、このチームは本当に自分たちのチームなんだな、ということでした。

いわゆる野球名門校とは違って、僕たちの大学では、部活動が優遇されることは何一つありません。だから、全てのことを部員が自分たちで、カバーしなければならないのです。

たとえば有名私大なら、たいていは野球部に専任の監督がいるものです。僕たちの野球部にも監督はいました。（これは本当に偶然なのですが、その当時の監督は何と僕の小学校時代の恩師でした）が、他に仕事を持っていらして、毎日の練習につきあうわけにはいきません。いきおい、練習プランも自分たちでつくることになるわけです。

それに、お金の問題もありました。大学から出される部費はごくわずかなので、高校時代の野球部とは比較にならない貧乏クラブでした。週に一度休日をつくっていたのも、その日のアルバイトで稼いだお金を部費にあてようというアイデアによるものです。

いってみれば自給自足の野球部生活。でも、だからこそ、高校時代とはまた違う厳しさも、楽しさもあったような気がします。

しかし、そんな恵まれない（？）境遇にもかかわらず、僕らのチームは結構強かった。というのも、僕の同期にも二、三人いたのですが、高校野球の監督を目指して、甲子園大会の出場選手が学芸大学に入ってくることも決して珍しくないのです。

そんなこともあって、もちろん六大学のような名門チームと比べると、クラス落ちの観があるのは否めませんが、大学が所属していた新東京リーグでは、流通経済大学と並ぶ強豪チームでした。実際、入学前にはあきらめていた神宮球場のグラウンドを踏みしめたことだって、二回あるのです。

その感激を最初に味わったのは、入学した年の春の全国大学選手権大会でした。全国の各大学リーグ優勝チームが神宮球場に集まって、トーナメント方式で覇を競い合うのです。

その年は、四年生に攻守の要となるズバ抜けた実力の持ち主が二人いたこともあって、強いチームでした。二人は投手と三塁手でしたが卒業前にジャイアンツの入団テストを受けて、最終選考にまで行ったほどの実力の持ち主です。二人の活躍によってリーグ戦で優勝を果たし、チームは神宮の大会への出場権を得たのです。

もっとも、レギュラー選手は三、四年生が中心なので、入部したばかりの一年生は人員の制限もあるのでベンチに入ることさえできません。僕もリーグ戦では代打で二、三度出してもらったのですが、神宮大会ではスタンドで応援することになっていました。

ところが、ひょんなことから僕に出場のチャンスが巡ってきたのです。リーグ優勝後、大会に備えての練習中に、セカンドを守っていた先輩が負傷してしまい、僕におハチが回ってきたのです。選手層の薄さゆえの幸運です。

自分が出場するなど思ってもいなかったので、僕は大感激です。開会式の際の入場行進でも、足が宙に浮いているかのような気分でした。

その時、頭の中をよぎったのが、中学時代からあこがれだった原選手のこと。首都大学リーグからは原選手のいる東海大学が出場していますから、原さんと同じ神宮の土を自分も踏んでいるのかと思うと、とても平常心を保ってはいられませんでした。

ちなみに、この開会式で全選手が整列している時に撮影された写真は、僕の宝もの。今

1年生ながら、神宮の大学選手権に出場させてもらい、感激。前から4番目が著者。

でも机の引き出しの中に、大切にしまってあります。

開会式だけではありません。敗れはしましたが、試合でも忘れられないシーンがありました。僕たちが対戦した相手は、九州産業大学。その翌年のドラフトで大洋ホエールズから一位指名されて入団した大畑さんのいたチームです。

その試合で、僕は6番、セカンドでスタメン出場することになりました。それまでの野球生活のなかで一番大きな舞台。おまけに、大学からはたくさんの学生が応援に駆けつけてくれています。攻撃中はそうでもないのですが、守備についている間は、極度の緊張が続いていました。

憧れの原選手と同じ神宮の土を踏んでいることに興奮した。(東海大の優勝旗を持っている原選手)

何回だったかは忘れましたが、そんな状態でいる時に、ライトと一塁の間にファウルフライが飛んできました。普通なら周りの選手と声をかけ合ってボールを追うのですが、ポジションが不慣れな上に緊張が重なって、周りの選手のことなど考える余裕はありません。僕にできることといえば、一目散にボールを追いかけることだけでした。その結果ライトを守っていて、やはりボールを追いかけていた先輩と激突、僕は左足のかかとを強く打撲してしまったのです。

それからは、じっとしていても打撲した部分にピリピリとした痛みが走ります。正直いって、ボールが飛んできても、動けるかどうか自信が持てません。しかし、せっかく大抜

左足のかかとをケガしてベンチに戻ってきたところ。

躍で試合に出してもらっているのに、自分から引っ込めて欲しいともいえません。頭の中で、自分に打球が飛んでこないことを祈りながら、守っていたのです。

そんな祈りにもかかわらず、一死満塁のピンチが訪れてしまいました。心の中で、頼むから自分のところには打たないでくれと、相手チームのバッターに叫び続けていました。が、そんな僕の願いを嘲笑うかのように、打球がフラフラと、セカンドとライトのちょうど中間地点に上がったのです。普通の状態でも取れるかどうかわからないきわどい打球です。

今考えても、どうして走ることができたのかわからないのですが、その打球を見て、僕は真後ろに向かってスタートし、落下するボールにダイビングキャッチ。ダメでもともとの捨て身のプレーですが、グラブを見ると、驚いたことにボールが入っています。

相手チームのランナーは、全員が大きくベースを飛び出したので、とっさにセカンドにボールを投げれば、ダブルプレーでファインプレーにさらに花を添えることもできましたが、そこまでは無理でした。

その回のピンチを何とかしのいだ後、次に自分の打順が回ってきた時に、僕は監督さんに事情を話して、他の選手に交代してもらいました。足が痛くて、踏んばることもできないのだから仕方ありません。途中欠場は不本意でしたが、自分ではそれまでの過程に満足していました。

翌日、病院に行くと、痛みのある足首は、骨にヒビが入っていました。そんな状態で、よくあのダイビングキャッチができたものだと思います。人間は、気持ちが張りつめていれば力以上のものを出せるとよくいわれます。そのことを身をもって学んだような気がしました。そんな意味も含めて、あのファインプレーは、僕の野球人生の中でも最高のプレーの一つだったと思っています。

エースとして、再度の全国大会出場

僕たちの大学では、野球部員も大半は学校の先生を志望しているので、四年生はその準備のために春の大会が終わると実質的に引退し、三年生を中心にしたチームに切り換えられます。当然、チーム力は大幅にダウンするので、秋のリーグ戦ではなかなか優勝できません。春の大会で神宮に進出したその年も、秋は決勝戦でライバルの流通経済大学の前に、無念の涙を呑みました。

それだけに、翌年の春のリーグ戦では、意気込みが違っていました。僕は、前年の秋のリーグ戦からエースとして投げさせてもらっており、しかも前年にキャプテンになった先輩から、リーグ戦が始まる前に「お前と心中するつもりだ」と、いわれています。これで熱くならないほうがどうかしています。

　リーグ戦でのライバルは、やはり流通経済大学。最後に残されたこのチームとの対戦で優勝校が決まります。もっとも、状況は圧倒的に僕たちのチームが不利。というのも、相手チームはそれまで無敗で勝ち進んでおり、僕たちは不覚の敗北を喫して一つ勝ち点を落としています。僕たちが優勝するには、三連戦を最低でも2勝1分けで乗り切った後、さらに優勝決定戦で勝利を収めなければなりません。

　1回戦、僕が珍しくホームランを打って先制しますが、すぐその裏にはリードを引っくり返されてしまいます。しかし、何とかもう一度神宮でプレーをしたいというチーム全員

リーグ優勝をかけた流通経済大とのゲーム。

の思いが結果につながったのかもしれません。後半、何とか同点に追いつき、そのまま引き分けに持ち込むことができました。

ノーコンの僕が、フォアボールを連発して200球以上も投げながら、追加点を許さなかったのも、神宮に賭ける執念のたまものだったような気がします。

このピンチを切り抜けたことで、チームにも勢いが出てきたようです。翌日、そして翌々日の試合でも、僕はヨレヨレの投球を続けていましたが、周囲がよく盛り立ててくれたこともあり、勝利を収めることができました。当時の僕の持ち球といえば、ストレートとカーブと、時折チェンジアップ気味に使う落差の小さいフォークボールの三種類だけ。それが、全部同じような棒球《ぼうだま》になってしまうのです。

それでも、何とか連勝をかちとることができたのは、気合いが入っていたから、としかいいようがありません。この三日間の僕の投球数はトータルで何と522球。投球を続けながら、僕はバックで守ってくれているみんなの信頼感をヒシヒシと感じていました。その信頼に応えなければ、と僕は自分にいい聞かせ続けていた。だからこそ、これだけの球数を投げることができたのでしょう。

そして迎えた優勝決定戦――。その試合では、それまでとは違って、僕は無心でマウンドに上がっていました。あるいは、優勝決定戦にまで持ち込めたことで、自分自身に対する満足感があったのかもしれません。勝ち負けよりも、自分で納得のいくピッチングをしようと、自分にいい聞かせていました。幸い、三連戦から何日か間が置かれていたせいか、疲労が抜けて、コンディションも絶好調。ボールの伸び、回転、そしてコントロールと、どれをとっても、僕にとっては満点に近い内容の投球を続けることができました。

加えて、絶体絶命の状態から優勝決定戦に持ち込んだことで、チームには弾みがついています。結局、予想外の楽勝で、僕たちは最後の一戦で勝利を手中にすることができたのです。ウィニングボールを手にしたときは、

打たれながらも、バックに盛り立てられて、最後まで投げ抜いた優勝決定戦。

最後まで僕に投げさせてくれたキャプテンをはじめとするチームメートに、感謝の気持ちで胸がいっぱいになったものです。

こうして僕たちのチームは、再び神宮の晴れ舞台を踏めることになりました。

意気揚々と乗り込んだ大会ですが、一回戦の対戦相手はなんと近畿大学。東京と並ぶ大学野球激戦区で大学選手権でも常に一、二位を争う強豪チームです。選手リストを見ても甲子園大会で名前を聞いたことのある有名選手ばかり。とても勝てるとは思いませんでした。

負けてもともと。それよりも、強豪チーム相手に自分の野球がどこまで通用するか試してやろう。そんな気持ちで僕は試合に臨みま

優勝が決まって胴上げされ、心の底から嬉しかった。

した。

恐らく、二度とこんな機会はやってこないでしょう。僕にとっては、これが最初で最後の神宮のマウンドかもしれません。相手チームとの実力差がわかっていたからかもしれませんが、前回の大会の時ほど緊張はしていませんでした。とにかく、最初から飛ばして行けるところまで行ってみよう。それぐらいのことは考える余裕がありました。

僕たちのチームは4回まで完璧に抑えられていましたが、僕も相手チームに2点しか許していなかった。結構、試合として格好はついていたのです。

が、5回になって、形勢は一気に近畿大学の側に傾きます。その後、南海で活躍された

大学２年の春、再び神宮大会に出場したときの記念写真。

西浦選手に、バックスクリーンに超特大のホームランを打たれたのを皮切りに、打者一巡のメッタ打ちにあったのです。

結局、その回で僕は四年生の先輩投手にマウンドを譲ります。もちろん試合の結果は完敗です。でも、僕には、悔しさはありませんでした。逆に僕の気持ちの中にあったのは、ある種の清々しさでした。

チームメートには申し訳ないと思いましたが、自分自身に対しては、精一杯やった結果がこれなのだから、仕方がないと納得することができたのです。そして、自分が学芸大学に進学したことは、やはり間違ってはいなかったとも思いました。

もっとも、そうはいっても人間の心理は複雑です。自分の力不足に納得する反面、いつかはこのメンバーとも対等に戦える力をつけてみせる、と心の奥底で新たなファイトを燃やしたのも事実です。

しかし、大学時代には、神宮球場の晴れ舞台で近畿大学のような強豪チームと対戦する機会は二度と訪れませんでした。

投手から野手への転向

神宮の晴れ舞台は確かに華やかな思い出ですが、部活動を続けていた三年余りの期間から見るとほんのワンシーン。他にも野球では、印象深い思い出がいっぱいあります。

たとえば、合宿練習。大学は教職課程のカリキュラムがあったり、また前にも話したように、アルバイトで部費を稼がなければならない事情があったりして、他の大学ほど練習量が豊富とはいえません。

その不足分を補おうという意味もあって、合宿での練習は濃密そのものです。一度だけですが、僕は大学時代に野球を辞めようかと思ったことがありますが、それも合宿での練習中でした。

一年生の夏休みのことです。その時の合宿は長野県のあるところで行われました。参加前は、涼しそうでいいな、などと考えていたのですが、いざ出かけてみると、とてもそんな甘いものじゃない。朝早くから暗くなるまで、ビッシリ練習漬けの毎日。加えて、練習の最後に地獄のランニングが待っているのです。山のふもとにあるグラウンドから山頂にある寝泊まりをする宿舎まで走って帰るのです。

ハードな練習が終わった後で、息を切らせて小一時間。でこぼこの山道を駆け登っていきます。これには、僕もまいりました。合宿は一週間続けられたのですが、一日目の練習が終わった時には、逃げ出してやろうかと思ったくらいです。

でも考えてみると、こうした練習プランを考えたのは僕たち部員全員。自分で決めたことを放棄してしまうのは、人間としてちょっと情けない。それに、苦しいのは自分だけではない、他の部員も同じだと、自分にいい聞かせて脱走を思い直したのです。

故障でリタイヤを余儀なくされたこともありました。前にもいったように、二年生の春の大学選手権大会で、投手だった僕は近畿大

合宿を終えるとひとまわり大きくなってゲームに臨むことができた。

変化球を覚えて投球に幅を持たせようとしたが、いい結果は得られなかった。

学に完膚なきまでに叩きのめされました。

その反省から、夏の練習では投球に幅を持たせようと、新たにスライダーの練習を始めたのです。自己流ですが、何週間かすると何とかスライダーらしい変化をするようになりました。それで、筑波大学とのオープン戦で、試してみることにしたのです。

1回裏マウンドに上がり、三球目ぐらいだったでしょうか、スライダーを思いきり投げたのです。その瞬間投げ方が悪かったのか、たった一球でバキッという音と共に、肘が動かなくなってしまったのです。そのままベンチを通りすぎて、ユニフォームを着がえ、病院へ直行しました。状況によっては、二度とボールを握れなくなるような大ピンチ。実際、ケガの後の何日かは、1メートルもボールを投げることができませんでした。でも、不思議に焦りはありませんでした。中学時代に腰と膝を悪くした経験があるからかもしれません。ゆっくりと時間をかけて治せばいいと思っていたのです。うまく故障を治すことができたのは、この余裕のたまものといえるかもしれません。焦って、中途半端な状態でボールを握っていたりすれば、故障がさらに悪化していたのではないかと思うのです。

もっとも、そのケガの後は、ストレートのスピードが極端に落ち、ノラリクラリと打者をハグらかして打ちとる、ごまかしのピッチングしかできないようになりました。そのため、二年生の夏頃から、僕は投手としてよりも野手として試合に出場することが多くなっていきます。自分で納得のいく投球ができなくなったのだから、これは当然の成り行きでしょう。それに、正直いって、近畿大学との試合で無残に打ちのめされたことで、投手としての自分に限界を感じてもいました。だから、キャプテンから野手への転向を告げられた時も、ほとんどショックはありませんでした。中途半端な実力で投手を続けるよりも、野手に転向したほうがずっとよかった。その点では、ケガをしたことが、自分にとっては幸いだったのではないかと思っているほどです。

日常の中での思い出もたくさんあります。前にもいったように、僕たちの野球部は、用

バッティングセンスを生かし、野手一本に転向した。

具を買うにもリーグ戦に参加するにも、何か行動を起こそうという時は、いつもお金に困っていました。そんな貧乏クラブゆえの思い出もあるのです。

たとえば、ボールの修繕。高校の場合は、古くなったボールを縫い直して使うことはそう珍しくありません。が、大学でそういうことをしているチームはめったにないでしょう。僕らのチームでは当たり前のことでした。

当然のことながら、ボールの修繕係は一年生。先輩部員から手渡された段ボール箱一杯のボールを、授業中に一個ずつ縫い直すのです。まさか大学に入って、ボールを縫い直すとは思ってもいなかっただけに、先生の目を盗んで針と糸を動かす自分が情けなくもあり、

大学祭の模擬うどん店は、大切な資金調達の機会だった。

おかしくもありました。

また、年に一度の大学祭は大切な部費調達の機会でした。僕たちは、毎年ホームラン軒という模擬ウドン店を出店して部活動の資金の一部にあてていたのです。

味がよかったのか、それとも日頃から野球部の貧乏ぶりを知っている学生たちが同情してくれたのか、このホームラン軒は、毎年なかなかの繁盛ぶりでした。今から思えば、大した金額ではないのですが、その頃の僕らにすればかなりの大金が入り、これでボールが何百個買える、いや、それよりこれを資金に次の合宿は思い切って静岡あたりに遠出しよう、などと売り上げの使い途を話し合ってはしゃいでいたものです。

それに、もちろん大学祭に参加できる楽しさもありました。野球の名門大学なら、野球部員は練習に追われて大学祭もチラッと顔を出す程度ではないでしょうか。自分たちで店を出して参加するようなことはないでしょう。貧乏でしたが大学祭でみんなでワイワイやれたのは幸せでした。

友情、そして恋

大学時代の僕は野球部員である前に一人の大学生でしたから、勉強やスポーツだけでなく、遊びにも一生懸命でした。コンパで酔っ払うこともあったし、休みを利用して旅行やスキーに出かけたこともありました。もちろん、野球部員以外の友だちだってたくさんいたのです。

中でも、とくに仲がよかったのが、同じクラスでサッカー部にいた吉川清統と塚田和彦という二人の悪友。授業のないときは、たいていどちらかの下宿に行っており、よくそれぞれの田舎から送られてきた果物などをごちそうになったものです。クラブが違うので、お互いに好き勝手がいえるのが、意気投合した理由かもしれません。とにかく顔を合わせれば悪口のいい合い。

「オイ、ウチの野球部決勝でまた負けただろ。お前が試合に出てるから、ここ一番で勝てないんだよ」

「お前こそ自分のチームのゴールに間違ってシュートしたりしてるんじゃないの」

——といった具合です。

僕がスワローズに入ることになった時も、二人にかかると笑い話でした。一人が「お前が入団できるんなら、俺もテストを受けて一緒に入ればよかった」といえば、もう一人は「何かの間違いで、お前が一軍に上がってテレビに映ったら面白いな。体が画面からハミ出しちゃうよな」と、当時ブクブクと太っていた僕をこきおろします。

が、プロの入団テストを受けた当初は、二人とも真顔で反対してくれていました。その時点では、もちろん具体的に入団が決まっているわけではありませんし、彼らも入団できるとは思っていなかったでしょう。が、仮に何かの間違いでどこかのチームに入れたとすると、僕にとって大変な苦労が待ち受けているのは明らか。そのことを案じてくれたのでしょう。将来の話をするたびに「栗山、プロ野球は大変な世界だぞ」などと、僕の翻意を促してくれたものです。そして、僕の決意が固いことを知ると、きれいな言葉を使ったりすることはありませんが、積極的に僕を応援してくれるようになったのです。

三人が三人とも照れ屋な性格もあってか、相手を気遣うようなセリフが出てくることはありませんが、もっと深い部分ではしっかり

大学生活を通して得た友人たちは、僕の大切な財産だ。

練習を終えると、野球部の連中の間では笑顔が絶えなかった。

とつながっていました。残念ながら、仕事の関係で二人とも郷里に帰っているため、なかなか会って話をする機会はないのですが、そのことを痛感したのは、プロ入り三年目のことでした。

その年、僕は一軍でソコソコに働いたこともあって、シーズンオフに高松で開かれた東西対抗戦のメンバーに選ばれました。その試合に、今は高松で小学校の先生をしている吉川が、駆けつけてくれたのです。その夜は久々に会って酒をくみ交しながら、昔話や近況の報告に花を咲かせました。僕には門限があるので、そうそうゆっくりしてはいられません。「そろそろ帰ろうか」と、立ち上がった時です。その友人が、目を赤くしながらこういってくれたのです。

「栗山、よかったな。こんな大試合でお前を見ることができて、ホントに俺は嬉しい」と——。

僕は思わず、胸が熱くなりました。自分のためにこいつは泣いてくれている。そう思うと、嬉しさとともに、この悪友に対する感謝の思いがこみあげてきて、胸がいっぱいになったのです。これまでの苦労が何だか報われたような気持ちにもなりました。

この二人の悪友、いや親友は、僕にとっては心の財産ともいうべき存在。もちろん、これからも長くつきあっていきたい、と思っています。

友人だけではありません。これは初めて話すのですが、実は大学時代、僕も人並みに恋愛も経験しています。

それまでの僕はといえば、小学校時代に同じクラスの女の子二人を同時に好きになってしまい、それぞれにラブレターを手渡したおかしな初恋体験はあるものの、中学校に入学してからはスポーツ一筋。もちろん好きな女の子がいたこともありましたが、交際と呼べるようなものはありません。

それだけに、彼女へのアプローチの方法も、とてもスマートなものとはいえませんでした。女優のかとうかずこさんに似たところのあるキュートな女性で、クラスは別でしたが、同じ学年。学内でもかなり目立った存在で、僕たちのクラスでも男子学生の間ではミス学芸大と評判の女子学生でした。

僕らは、絶えずその女子学生についての情報を交換し合っていました。下宿はどのあたりだとか、○×先生の講義に出ているのを見かけたといった類いの話です。そんなやりとりがエスカレートしたのでしょう。友人の一人が、クジ引きをやって負けた者が代表してその噂の女子学生を飲みに誘うことにしようと提案したのです。

そういう時の僕はついているというか、ついていないというか、その当たりクジを見事に引いてしまったのです。しかたなく、自分とは関係ない授業に出席して、勇気をふるって空いていた彼女の隣りの席に腰かけたのです。

「スミマセン、教科書忘れちゃって。見せてもらえませんか」

というのが第一声。まるで高校生のようなアタックの仕方です。

でも、それがよかったのかもしれません。僕のアタックは見事、成功。一度目はみんなで飲みましたが、以後は二人きりで交際するようになったのです。後になってそれを知った時の友人たちの悔やしがるまいことか……。

「お前なら安全パイだと思ったのに……」

と、アッケにとられたような表情で、無念の思いを口にしていたものです。

その女性とは、映画に行ったり、スケートに行ったり、時には彼女の好きなクラシックのコンサートに出かけたり、といった具合に交際を続け、プロ入りして二年目を迎える頃まで交際を続けていました。実をいうと、僕はこの女性との結婚を考えたこともあったのです。

しかし、当時の僕は、野球以外のことに、時間的にも精神的にも費やす余裕がありませんでした。結果として、野球と恋愛を秤にかけて野球を選んだ形になり、話し合った末別れることにしたのです。

今思うと、僕はとても自分勝手で、一人よがりだったような気もします。でも、その時は相手を気遣う余裕が持てなかった。青春のホロ苦い体験といってしまえばそれまでかもしれませんが、あの頃を思い出すと、今でも胸が締めつけられるような思いになることがあるのも事実です。

その頃に比べれば、今の僕の女性に対する気持ちは大きく変わっています。精神的に余裕ができたのか、それとも同世代の選手が次々に結婚し、スワローズの独身選手のなかでは最高齢になったからなのか。そのあたりはよくわかりませんが、最近になって、僕は早く結婚したいと思うようになりました。

あるいは、自分の仕事に対して欲が出てきたのかもしれません。家のことは、パートナーに全て任せて、自分は自分の仕事に専念したいと考え始めているのも事実です。表には出て来ないけれど、しっかりと家庭を守って

先輩や友人とマージャンもする、普通の大学生だった。

くれる。同じチームでいえば、尾花高夫さんの奥さんのような人が理想です。もちろん、ご主人のアドバイスもあるのでしょうが、尾花さんの奥さんは、たとえば近所の奥さんたちと一緒に食事をした時なども、必ずワリカンで、お金を払うようにしているとのこと。ご主人がプロ野球選手だということで、周囲の人たちから特別視されないように気を遣っていらっしゃるのです。そんな女性なら、僕も安心して家庭を任せられるのですが……。

できれば、二〇代のうちに結婚したい。でも、残された期間はたった一年。これればかりは、どんなに全力を尽くしても、目標達成は難しいかもしれません。

教職か野球か、人生最大の岐路

こうして、僕はごく当たり前の学生として、楽しく充実した大学生活を送っていました。卒業後の進路についても、三年生の夏頃まではクラスメートたちと同じように、学校の先生以外の職業を考えることはありませんでした。

そんな自分の心境が変化しはじめたのは、同じ学年の秋頃からのことです。正確にいうなら、心境の変化というよりも、自分の潜在的な願望に気がついた、といったほうがいいでしょう。

ずっと以前は、大学を卒業するとワリと簡単に先生になれたのですが、僕らが大学生の頃は、子供が少なくなっていたこともあって、教師の採用数もかなり減少していました。そのため、各都道府県の採用テストでかなりいい結果を出さないと、就職先が見つからないという状況でした。

そこで、三年生の秋頃になると、その採用テストに向けて学生たちは受験勉強を始めます。もちろん、僕もその例外ではありません。毎日野球部の練習を終えると、眠い目をこすりながら教科書とにらめっこを続けていたのです。

ところが、その勉強にいまひとつ身が入らない。机の前に座り教科書の文字を目では追っているのですが、頭の中ではいろんな思いが交錯し始め、とても勉強に集中することができないのです。教科書を広げる前は、頑張って採用テストを乗り切ろうと自分にいい聞かせます。でも、勉強を始めると、それでいいのか、ともう一人の自分の声が聞こえてくるのです。

もちろん、先生という職業には大きな魅力があったし、それが自分にとってふさわしい仕事だろうと思っていました。でも、先生になってしまうと、自分が最も愛している野球とは訣別しなくてはなりません。それで後悔しないのか、と、もう一人の僕の声がささやくのです。先生は年をとってもなれるだろうが、野球は今しかできない、という焦りのような気持ちもありました。

しかし、大学卒業後本格的に野球を続けるとなると、進路として考えられるのは、プロ野球か社会人チームに入ること。大学選手権などの経験で、僕には自分自身の力量がわかっていました。とてもプロや社会人野球では通用しないでしょう。となると、やはり野球をあきらめて、先生になるしかない。それで、野球の二文字を頭の片隅に残したまま、僕は受験勉強を続けていたのです。

そんな中途半端な落ち着きのない状態に、ようやくピリオドを打つことができたのは、翌年、四年生に進級する前の春休みのことでした。

僕たちの野球部は、毎年、春休みになるとアルバイトで貯めたお金を出しあって、一週間程度のキャンプに出かけていました。その年に出かけたのは静岡県の袋井というところ。気候がいいし、それに、ある部員の情報で、合宿所の近所にラドン温泉があることがわかっていたのが、その場所に決めた理由です。

その袋井で練習を続けていると、いつもチームのことを考えて人望の厚いキャプテンの比嘉正央が、玉川大学の野球部が、隣り町の掛川で同じようにキャンプを張っているという情報を仕入れてきました。そこで、相手チームに連絡して、キャンプの仕上げに練習試合を行うことにしたのです。

試合当日、玉川大学が待っていた掛川のグラウンドに出かけて行って驚きました。ユニフォーム姿の部員や監督に混じって、私服姿で僕たちの到着を待っていた人がいる。何とテレビのプロ野球ニュースでおなじみの解説者、佐々木信也さんだったのです。部員から聞いた話では、玉川大学でキャッチャーをやっていた選手が佐々木さんの息子さん。それで、仕事で静岡に来ていた佐々木さんが、息子さんのプレーを見ようとグラウンドにやって来られていたわけです。

そんな有名な人が見ているのだから、プレーにも力が入ります。もちろん、佐々木さんがいたからというわけではないのですが、その日の僕は絶好調。打席に入るたびに、快打を飛ばすことができたのです。

スコアは忘れましたが、とにかく派手な打

玉川大学との練習試合で、佐々木信也さんと出会った。

ち合いで、大接戦の末幕を閉じました。そしてゲーム終了後、ある部員の提案で、佐々木さんにゲームの批評をお願いしてもらうことにしたのです。

厚かましい申し出に、佐々木さんは快く応じてくれ、いろいろ貴重なアドバイスをしてくれました。そして、最後に、僕を指さしてこういってくれたのです。

「キミならプロ野球でやっても面白いかもしれないネ」

その時の僕の気持ちを何といえばいいのでしょう。プロ野球の一流の選手をずっと見続けている人に、やれるかもしれないといわれたのだから、それこそ天にも昇るような嬉しさでした。中学時代、同じようなことを大下さんにいわれたことがありますが、その時とは年齢が違う。現実味という点での重みが全く違います。佐々木さんの一言に狂喜した僕は、夢見心地でキャンプ地の袋井へと帰っていったのです。

もっとも、後で佐々木さんに聞くと、あの時のホメ言葉は、一種の社交辞令。軽いジョークのつもりだったそうです。頭の片隅で、まだ野球を続けたいと思っていたからでしょう。僕はそのジョークを真面目に受け止め、そして、相手が受け入れてくれるかどうかは別として、もう一度野球にチャレンジしようと心に決めたのです。

合宿から帰ると、僕は高校時代に面倒をみてもらった稲垣監督のところに相談に行きました。

野球キャリアが豊富で、プロ野球やノンプロでも知り合いが多い。進路を決めるうえでも適切なアドバイスをしてもらえると思ったのです。そして、その稲垣監督に同行してもらって、僕は佐々木さんを訪ね、今度は自分からプロ入りについての相談に乗ってもらったのです。

そうして、佐々木さんの紹介で、僕はプロのテストを受けさせてもらえることになりました。佐々木さんにすれば、ずい分迷惑な話だったに違いありません。

プロのテストを受けることになったとはいっても、実際に入団できるとは自分でも思ってはいませんでした。そこで、夏休みには正式に野球部を退部し、稲垣監督に紹介しても

どんな結果が出るかわからないが、とにかく野球に賭けると決めた。

らった社会人チームのセレクションも受けることにしました。こうして、僕は卒業後の進路を野球一本に絞っていったのです。

僕の選択に、もちろん両親は大反対でした。無理もありません。大学に入る時に先生を職業に選び、入学後も先生になるために勉強を続けてきた。その目標の成就が目前に迫ったところで、その目標を捨ててしまおうというのですから。もちろん、その段階では両親も僕がプロに入れるなどとは思ってもいません。そこで、社会人チームに入った場合を想定して僕の翻意を促します。

「お前の体では長く続かない。それなら、最初から先生になるほうがずっといい」

「野球を辞めてからどうするのか。それから先生になるというのは、非現実的で甘過ぎる」

と、毎日のように家族会議を開き、コンコンと僕を諭します。

六大学を目指した大学入学前と同じような状況ですが、就職が迫っているだけに、言葉の調子も、その時よりはずっと鋭くなっています。

でも、今度は僕の心は動かなかった。両親には申し訳なく思ったけれど、それ以上に野球への愛着が強かった。もちろん僕の選択の結果がどう出るかはわかりません。でも、最悪の結果に終わっても僕はかまわないと思ったのです。チャレンジしてダメなら納得できる。でも、チャレンジしないことには納得のしようがない。そんな中途半端な状態で生きていくのに我慢がならなかったのです。

目標を決めたら、そのことに全力でトライする。そうすれば、結果はどうあれ自分に納得することはできるハズだ。——この人生に対する考え方は、今も変わってはいません。

プロテスト合格

受かるとは思っていなかったものの、せっかくのチャンスだから最高の状態でのぞみたい。そこで、大学の野球部を退部していた僕はプロの入団テストに備えて、稲垣監督に頼んで、母校の創価高校で野球部員たちと一緒に練習させてもらうことにしました。

しかし、そこでの練習は大学でのそれとは比較にならないほどハードなものでした。練習時間が二倍に伸び、しかも内容もハードそのもの。正直、高校時代によくこんなきつい練習をこなしていたものだ、と自分自身におかしな感心をしたものです。

しかし、その厳しい練習を繰り返していても、なかなか成果は現われてくれません。

「なんだ栗山、高校時代のほうがよっぽど上手かったぞ」

と、稲垣監督に怒鳴られるばかりです。当時の創価高校には、現在近鉄バファローズで活躍している小野和義投手が在籍していたのですが、彼ら部員も何やら、心配そうな表情で僕を見ていたことを覚えています。

そうして、何か月間か、受験勉強ではなく受験練習を積んだ後、いよいよプロテストの日がやって来ました。

僕が受けることになっていたのは、ヤクルトスワローズと西武ライオンズの入団テスト。先にあったのは、ライオンズの入団テストです。佐々木さんに紹介してもらったこともあって、公開テストではなく、プロの選手に混じって、守備、打撃、走塁などの練習をし、その結果を監督やコーチが判断するというものでした。

西武のテストでは、全ての面で自分では無難にこなしたつもりでした。が、結果は不採用。やはりプロの壁は厚いと納得せざるを得ませんでした。

そして、その何日か後に、今度は戸田球場でスワローズのテストを受けました。西武のテストでの反省から、失敗を恐れずに、思いきりよくプレーすることを肝に銘じて、練習に参加しました。

それがよかったのでしょう。自分では１００％、いや１２０％と思える力を、そのテストで出すことができました。とくに打撃練習は会心の出来でした。小兵の僕の打球がポンポンと面白いように外野のフェンスを越えていく。もちろん相手の投手は意識して打ち易いボールを投げてくれているのですが、それを差し引いても、自分でも驚くほどの内容だったのです。

しかし、球団の人たちの評価は芳しいものではないようでした。テストが終わった時、付き添ってくれていたスカウトの人が僕にこういいました。

「せっかく教員資格を持っているんだから地道に生きたほうがいいんじゃないか」

表現は婉曲ですが、事実上の不採用通知。いくら勘の悪い僕でも、それくらいのことはわかります。

家に帰って愕然とした気分でいると、どんな事情があったのか想像することもできませ

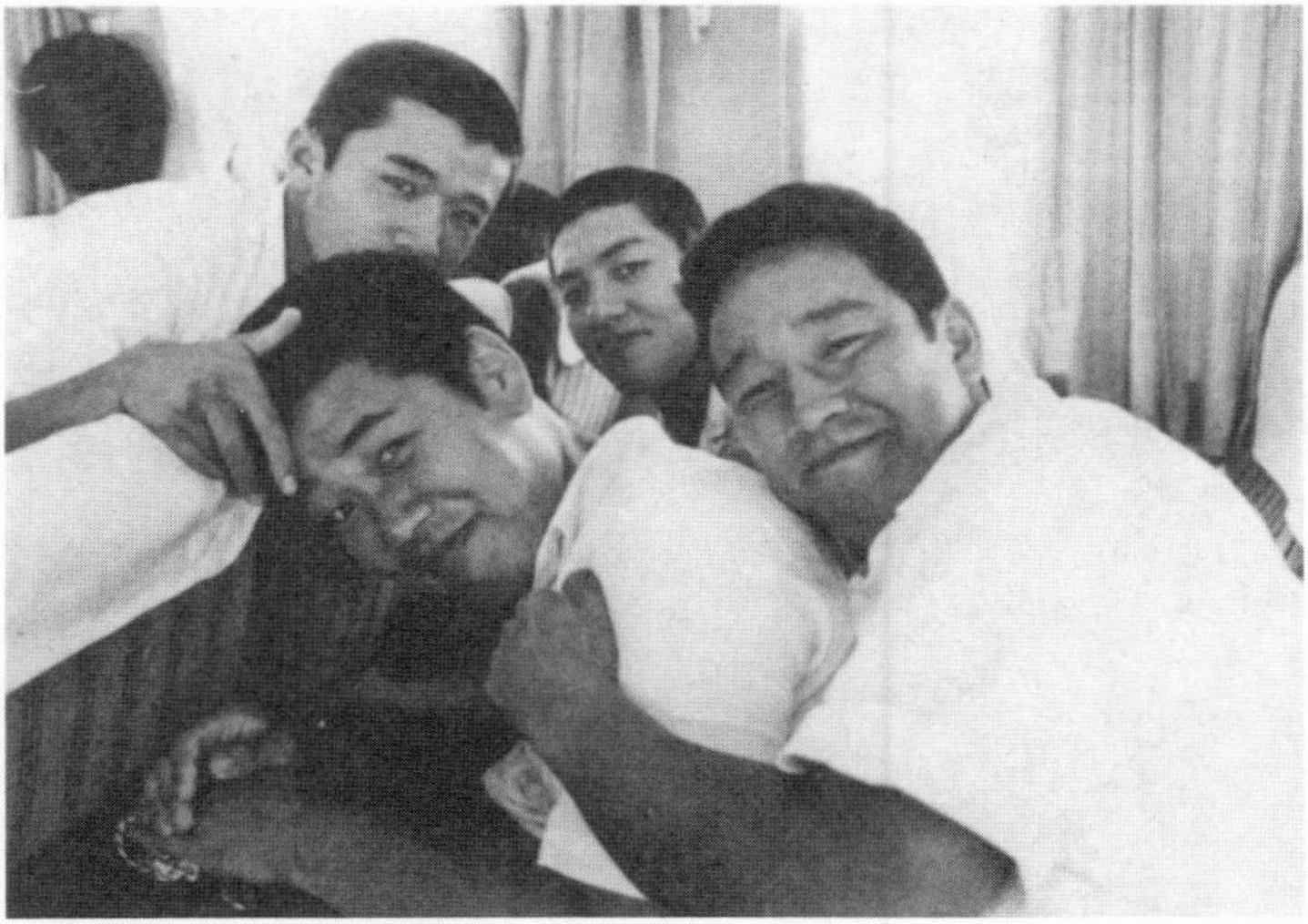

創価高の球児に混じって練習をさせてもらった。

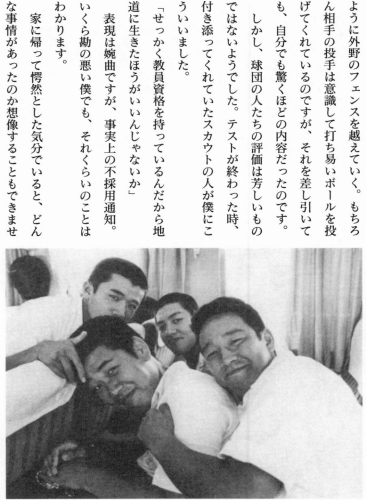

んが、再テストの知らせが伝えられました。一度は完全にあきらめただけに、この知らせは嬉しかった。そして、数日後僕は再テストを受けるのです。

最終的な結果が教えられた日のことは、今でもよく覚えています。学園祭の最終日で、その日はプロ野球のドラフト会議が開かれていました。ラジオでその模様を聞いていた僕は、聞き覚えのある名前の選手たちが華やかにプロ野球の世界に飛び込んでいく様を想像します。すると、テストでもなかなか結果を出せない自分がなおさら惨めになる。最後の学園祭というのに、大学にいく気力もなく、僕は家に閉じ込もっていたのです。

そんな時に、けたたましく電話のベルが響きました。受話器をとると、スワローズのスカウトで今は球団代表をやっておられる田口周さん。その田口さんがこういってくれたのです。

「本気でやる気があるなら、ウチで面倒みてあげよう」

――この言葉を聞いた時、僕はこみあげる嬉しさで、自分を抑えることができませんでした。話を終えた後も、受話器を握りしめ、床を強く踏み鳴らしていました。自分が本当にプロ野球の選手になれる――そう思うと何だか、体が宙に浮いてくるようです。

そして、この嬉しいニュースを一刻も早く部員たちに伝えようと、大学に向かっていったのです。

後で聞くと、僕がスワローズに入団できたのは、ひとえに当時の二軍監督だった内藤さんのおかげです。

「ひょっとしたら、モノになるかもしれない。俺に預けてみてくれ」

と、反対する周囲の人たちを説得してくれたらしいのです。もちろん、再テストを受けられたのも内藤さんが球団に働きかけてくれた結果です。

入団後、プロ失格といわれた僕を、猛練習で一軍に送り出してくれただけではありません。そもそも、僕がスワローズの一員になることができたのも内藤さんのおかげなのです。この人がいたから、今の僕がある。内藤さんには、僕は一生頭が上がりません。

第四章

プロ野球、闘いの日々

スイッチヒッターこそ生き残る道

「クリ、お前、年はいくつだ」

ゲージの中で、懸命にバッティング練習を続けている僕に、大先輩の若松勉さんがこう声を掛けてくれたのは、入団した年の秋、昭和五十九年の浜松秋季キャンプでのことでした。それからの短いやりとりを、僕は今でも忘れることができません。その時の若松さんのアドバイスが、僕にプロ野球選手として生きる道を教えてくれたのですから——。

入団直後の僕は、自他共に認める落ちこぼれ選手。二軍の選手たちのレベルについていくのが精一杯という状態でした。それが、周囲の人たちの支援と激励のおかげで、どうにかこうにか野球選手として格好をつけてきた。シーズンの終わりには、一軍の試合のベンチに入れてもらうことができ、秋には一軍の選手たちと一緒に、浜松のキャンプにも参加することができたのです。

そうはいっても、一軍の選手と僕の実力を比べると、まだまだ大きな開きがあります。少しでも実力差を小さくしようと、僕は懸命に練習に励んでいました。そんな時に、若松さんが声を掛けてくれたのです。

最初は、若松さんが何をいおうとしているのか、僕にはよくわかりませんでした。

「二十三です」と答えて、キョトンとしていると、若松さんはこういったのです。

「そうか、二十三か。惜しいなあ。あと三歳若ければ、いいスイッチヒッターになれたかもしれないんだけどなあ」

それまでの僕は右打ち一本。相手投手によって、打席をスイッチすることなど考えたこともありません。そんな僕に、若松さんの言葉はとても新鮮に響きました。考えてみれば、若松さんのいうとおり。非力だけど足の速さには自信のある僕にとって、左打席は大きな武器になるはずです。どうしてそのことに気がつかなかったのか。若松さんのアドバイスは、僕にとってはコロンブスの卵だったといえるでしょう。

もっとも、若松さんの話によると、スイッチヒッターへの転向は、バッティングフォームが固まっていると、なかなか難しいとのこと。二十三歳では遅すぎるということです。が、僕はこの魅力的なアイデアに飛びつきました。

「やらせてください。一生懸命練習しますから、左での打ち方を教えてください」

と、難しそうな表情の若松さんに訴えたのです。話は前後しますが、そのキャンプで僕はセカンドから外野へのコンバートが決まっていました。大学時代にちょっと経験はありますが、プロに入ってからは初めて。一から練習をやり直していたのです。それなら、バッティングも同じように一からやり直そう。そんな気持ちもありました。

僕の訴えがよほど切実に響いたのでしょう。初めは、「どうかな」と首をかしげていた若松さんも、「やってみるか」といってくれました。こうして、僕は若松さんからマン・ツー・マンの特訓を受けることになったのです。監督やコーチも、この若松さんのアイデアに賛成してくれました。

ただ、若松さんといえば、新人時代に合宿所での素振りの練習で、何枚も畳をダメにしたという伝説の持ち主。そんな人に教えを乞うのですから、中途半端は許されません。若松さんにならって、僕も宿舎に帰ってから、何百回とスイングを繰り返しました。

初めて左でバットを握るのですから、体はガタガタ、手はグローブのようにはれ上がりました。ひどい時には、手が痛くてバットを握ることさえできなかったほど。そんな時には、バットに手を包帯でグルグルと縛りつけて、スイングの練習を繰り返しました。そんな猛練習のかいあってか、キャンプが終わる頃には、何とか左打席でもバットにボールを当てることぐらいは、できるようになっていたのです。

もちろん、スイッチヒッターへの転向が、すぐに結果につながるわけではありません。何しろ、当時の僕は〝落ちこぼれ〟からようやく脱出したばかり。打席がどうのこうのという前に、僕にはプロ野球選手として必要な実力が備わっているかどうか、まだ疑問付の状態だったのです。

一度、こんなことがありました。翌年の三月初めのオープン戦で、ジャイアンツと対戦した時のことです。オープン戦では、初めのうちは成長の度合いを測るため若手中心でオーダーが組まれるので、僕にも出場の機会が与えられました。

相手投手は、今はドラゴンズでエースとして活躍している西本聖さん。よく知られているように、鋭いシュートを決め球にしている人です。せっかくのチャンスを生かしたいと思った僕は、その試合では、打ち慣れた右打席に入っていました。

スイッチヒッターへの転向は、足の速さを生かす有効な手段になった。

ある打席、僕はツーストライクからファウルで粘り続けていました。マウンドの西本さんを見ると、しびれを切らしたような表情。西本さんにしても、オープン戦の登板には決め球の試投の意味もあるハズ。そのことから考えても次はおそらくシュートでしょう。

そう思ってボールを待っていると、果たしてシュートが投げられました。来たなと思って、僕はバットを握る手に力を込めました。ヒットを打つのは無理にしても、バットに当てることぐらいはできると思っていたのです。ところが、結果は見事な空振り。西本さんの投げたボールは、ホームベースにさしかかる前に、僕の視界から消えていました。バットに当てるどころか、僕はボールを見ることさえできなかった。当時の僕の実力は、その程度のものでしかなかったのです。

感激の初スタメン出場

この西本さんとの対戦を含め、その年のオープン戦で、僕はいやというほど自分の力のなさを思い知らされました。そして、一軍の壁の高さをつくづくと感じました。試合中、プレーを通して痛感することもあれば、ファンからつきつけられることもありました。

たとえば、チャンスに打順が回ってきて、いいところなく凡退したとします。攻撃が終わって守備位置につくと、外野席に陣どった熱心なファンから手厳しいヤジが飛んでくるのです。

「お前なんかファームに帰れ！」

「学校で子供と一緒に、ソフトボールで遊んでいればいい」

——等々。小さくなって守備についていたことも一度や二度ではありませんでした。

でも、今思うと、こうした体験が僕にはいい刺激になったようです。自分の力のなさに頭にきながら、そのことがバネになって、少しずつですが、力をつけることができたように思うのです。そして、やはり徐々にですが、一軍選手のレベルに近づいていったのです。開幕戦では、まだ僕は二軍でのプレーを続けていました。でも、前の年の終わりに、ごくごく短い期間ですが、一軍の試合に出場したことがプラスになったのでしょう。二軍の試合では余裕を持って、しかも思い切りよくプレーできるようになっていました。

そんな僕を、周囲の人たちも見ていてくれたのだと思います。自分では考えもしなかったのですが、その年の七月に行われたジュニアオールスター戦で、僕は出場選手の一人に選ばれる幸運に恵まれたのです。

その試合には、スワローズからは広沢克己、ジャイアンツでは宮本和知投手など、今は一軍の主力として活躍している選手が何人も出場していました。僕は当然のことながらスタメンでのオーダーには入っていませんでしたが、最後に代打の指名がかかりました。結果は、鋭い打球がセンター前に抜けるクリーンヒット。塁上に立ちながら、あるいは僕以上に喜んでくれているのでは、と、スタンドにいる両親の姿を探したものでした。

その後も嬉しい出来事は続きます。オールスター戦後、後半に向けて行われるミニキャンプで一軍選手と合流し、後半戦ではケガをした若松さんに代わって、スタートから一軍ベンチに置いてもらえたのです。当時の監督は、人情家で知られる土橋さん。あるいは、ミニキャンプでの僕の練習ぶりを見て、実力よりもヤル気をかってのことだったかもしれません。

ジュニアオールスターの出場は、ほんとうに励みになった。

そして迎えた三年目。この年、僕は開幕から一軍ベンチに入れてもらっていました。もっともレギュラーの選手たちと比べると、実力は劣っています。早い話、走れる選手が少ないというチーム事情から、代走要員として、僕は一軍メンバーの一員にしてもらっていたのです。

ところが、その僕にひょんなことからチャンスが巡ってきます。あれは五月の終わり頃だったでしょうか。主砲の杉浦さんが故障で戦線を離脱しました。その穴埋めに、僕が出場させてもらえることになったのです。ある日、試合が終わって片づけをしている僕に、土橋さんがこういったのです。

「クリ、明日はスタメンでいくからな」

その言葉を聞いた時、僕は自分の耳を疑いました。自分が一軍で、しかもスタメンから出場できる。基本プレーさえままならなかった入団直後から考えると、まるで夢のような話です。僕は、土橋さんの言葉を頭の中で何回も反すうしながら、その意味を確認したものです。

翌日の試合で、スターティングメンバー発表の時、ウグイス嬢から「1番、レフト栗山」と告げられた時の嬉しさは、何ともいえません。その響きの心地よさに、僕は酔いしれたような気分になっていました。

こうして、夢心地のような気分で僕にとっての初の本格的シーズンがスタートしたのです。そして無我夢中で、全力プレーを続けたのがよかったのでしょう。シーズンが終わった時、僕は打率3割という、自分にとっては想像もできなかった好成績を残すことができたのです。

途中からの出場ですから、規定打席には達しませんでしたが、プロ野球選手としての僕なりの手応えを初めて感じました。こんな僕でも懸命にひたむきに努力すれば、ある程度の数字を残せることがわかりました。

そして、次のシーズンではさらにいい数字を残そう。そのためには、さらに前向きに野球に取り組まなければ、と決意を新たにしたのです。

突然襲ってきた激しい目まい

こうして、三年目のシーズンは大きな飛躍の年になりましたが、いいことばかりが続いたわけではありません。その頃から、僕はメニエール病という原因不明の難病に悩まされ始めます。

初めて僕がその病気に襲われたのは、二年目の五月で、まだ一軍に引き上げてもらう前、イースタンリーグで、日本ハムと対戦した時のことです。最終回、センターの守備位置について、プレー前に外野手同士でキャッチボールをしていたところ、突然ボールがグルグルと回り始め、一

苦しい時でも、気持ちさえ強く保っていれば道は開ける。

つのボールが二つにも三つにも見えるようになったのです。同時に地面も左右に揺れ始めました。まるで、ひどい船酔いにかかっているような状態で、立っているのがつらくて仕方がありません。しかし、二軍といってもチャンスを与えられ、試合に出場させてもらっているのだから、自分から休ませて欲しいなどというわけにはいきません。それに試合は最終回。あと三人打ち取ればゲームは終了です。もう少しの辛抱だから、と自分に言い聞かせて、フラつく足を必死でふんばっていたのです。

しかし、そんな時に限って思うようにはいかないもの。「早く終わってくれ」という僕の願いとは裏腹に、ヒット一本に連続フォアボールで、満塁のピンチを迎えてしまいます。ここで自分のところに打球が飛んで来たら、と僕は考えざるを得ませんでした。目の前がグルグルと回っているように感じているくらいだから、ボールをキャッチするどころか、追いかけることさえままなりません。平凡なセンターフライが、走者一掃の三塁打、いやランニングホームランになることだって考えられます。

もうろうとした頭で、僕は交代を願い出るために、フラフラと夢遊病者のような足どりでベンチに向かっていきました。今思うと、地面が揺れて、右も左もわからない状態で、よくベンチにたどりついたもの。いや、正確にはベンチにたどりつくことはできませんでした。ベンチに近づいて、釘谷さんという選手の前まで来たとき、僕はそれまで自分を支えていた緊張の糸が切れて、ヘナヘナとその場に倒れ込んでしまったのです。

試合終了後、合宿所に向かうバスの中でも船酔いのような気分は続いていました。一眠りすれば気分も良くなるだろうと、体を横にして目を閉じるのですが、頭がクラクラしてとても眠るどころではないのです。ところが、合宿所についてバスを降りた途端、僕はキツネにつままれたような気になりました。それまで僕を襲い続けていた吐き気や悪寒が嘘のようにすっかりなくなっているのです。もちろん、目まいや地面の揺れを感じることもありません。

僕は不思議に思いながらも、その苦しみを突発的な体調の崩れだろうと思いました。それ以外には考えたくても、考えようがなかったというのが実際のところです。そうして、翌日からまた元気にゲームに出場しますが、しばらくの間はなんの異常も起こりませんでした。僕は胸を撫で下ろすとともに自然に忘れていきました。

が、それはつかの間の安心に過ぎませんでした。初めて目まいを起こしてから二カ月ほどたった頃から、再び同じ症状が襲い始めます。症状自体は、最初の時ほど激しくはありませんが、長く続き、一度目まいを感じると、同じような状態が二時間程度は続くのです。

しかも間の悪いことに、目まいは必ずゲーム直前に訪れます。練習中なら事情を話して休ませてもらうこともできるのですが、試合前は、そんな自分勝手は許されません。ましてや、その時の僕は一軍と二軍とのボーダーライン上にいた選手。口が裂けても、自分から交代を申し出ることはできませんでした。そんなわけで、目まいが襲ってくる度に、僕は頭をクラクラさせながら、立っているのがやっとという状態でプレーを続けていたのです。

そうして、無理を重ねていくうちに、症状が現われる頻度はしだいに高まっていきました。最初、一週間に一度くらいだったのが、三日に一度になり、その年のシーズンが終わる頃には、毎日のように目まいを感じるようになりました。こうなると、とてもゲームどころではありません。その年は、阪神タイガースが二十年ぶりの優勝を果たした年ですが、優勝が決定したのは、神宮球場での対スワローズ戦。その試合の翌日に、うっとおしい症状にたまりかねた僕は、監督やコーチの人たちに相談し、マネージャーから紹介された日本大学板橋病院に行かせてもらったのです。

その病院で告げられたのがメニエール病という病名です。もちろん、僕にとっては初めて耳にする言葉です。

病院の先生によると、この病気は原因不明。現代医学を以ってしても、どうしてこの病気が起こるかということは解明されていないそうです。もっとも、体にどんな異常が起こっているかはわかっています。耳の中には、三半規管という体の平衡を保つための器官があります。この三半規管が何かの原因で、おかしくなっているらしいのです。そう教えてもらうと、地面が揺れるように感じることや、船酔いのような気分になることも納得がいきました。

治療法は二通り。一つは、異常が起こるほうの耳の働きを完全に失くしてしまうこと。直接的な原因が三半規管の失調ですから、その三半規管の機能を失くしてしまえば、やっかいな症状も起こらなくなるわけです。いってみれば〝元から断つ〟という治療法。

ただ、この治療法だと、片方の耳の聴覚が完全に失われてしまいます。僕は不安になりました。音が片側からしか聞こえないのでは、

体は元気なのに、突然前ぶれなく目まいが襲ってくるメニエール病。

体のバランスもおかしくなるのではないか。スポーツ選手としては、これは致命傷になりかねません。それに、片方の耳がおかしくなったのだから、もう一方がそうならないとは限らない。その時にはどうするのかという危惧もありました。それで、先生とも相談して、その治療法は〝最後の手段〟として、とっておくことにしたのです。

そこで、僕が受けることになったのが、もうひとつの対症的な治療法。専門的なことはよくわかりませんが、注射によって、耳の機能を一時的にマヒさせようという方法です。耳の中に薬を注入して、意図的に三半規管の機能をマヒさせるらしいのです。目まいなどの症状が起こるのは、耳に異常が起こって神経が過敏になっているからで、感覚をマヒさせれば異常を感じることもないわけです。

僕は入院して、この注射による治療を二週間にわたって行うことになりました。注射が打たれるのは三日に一度。が、この一度が、思い出しても気分が悪くなるほどの凄まじさです。

治療が行われるのは朝の十時頃で、それ自体はどうということはありませんが、つらいのはそれからです。注射を打って十五分ほどすると、グルグルと目が回り出し、床が左右に大きく波打ち始めます。頭はクラクラし続け、気分は最悪の状態。目を閉じていても、体のバランスが保てず、ベッドで横になっていてもフラフラと体が流されているようで、とても眠ることができないのです。

最初病室に案内された時、窓に鉄格子があるのを奇異に思ったものですが、治療を受けて、そのことの意味がわかりました。注射後、意識がもうろうとした状態のときは、何かの間違いで、窓から体を投げ出してしまうこともあり得ない話ではないと、つくづく実感したものです。

もっとも、治療そのものはとても辛かったけれど、僕の入院生活はそんなに暗いものではありません。いや、むしろその逆だったといっていいでしょう。この治療さえ終えれば、また前と同じように元気にプレーすることができる。そう思うと、翌年に向けてのさまざまな希望が、頭の中に浮かんできます。

入院と退院を繰り返しながら、必ず復活できると確信していた。

来年はもっと足を生かさなくては、キャンプではスイッチヒッティングを完全にマスターしよう等々。

そして、実際に僕はこの治療後、元気を取り戻し、翌年のシーズンでは一軍で3割という成積を残すことができたのです。

が、シーズンの終わり頃から、また試合中に目まいや立ちくらみに襲われるようになりました。十一月の秋のトレーニングが始まる頃には、再び体調は最悪の状態に陥り、再度入院して、同じ治療を受けざるを得ませんでした。しかし、今度はずっと深刻で、退院はしても回復が思わしくなく、またいつ目まいが始まるかという不安にもかられ、気持ちは最悪の状態で年を越したのです。

母の言葉に再起を誓う

スワローズでは、毎年、年の初めに監督以下チーム全員で明治神宮に参拝します。恒例の神宮参拝の後、合同自主トレに入り、チームが始動するのです。

四年目の昭和六十二年は、監督が土橋さんから関根さんに替わったこともあって、チーム全員、ファイトを燃えたたせていました。関根さんというとあの温和な表情から、知らない人はとても優しい人のように思います。実際に優しい人であるのは間違いないのですが、同時に非常に厳しい一面も持っておられます。

たとえば、練習では手を抜いたりすると、どんな一流選手でも試合には使ってもらえない——そんなことを先輩から聞いていたので、僕も例年にも増して練習に身を入れようと思っていたのです。

一月十五日の神宮参拝のあと、その日からすぐに合同自主トレが始まりました。もちろん、僕は一日目から飛ばしに飛ばしていましたが、結果的にはそのことも、よくなかったのかもしれません。

温和な中に厳しさを秘めていた関根前監督。

合同自主トレが始まって四日目のことです。朝、合宿所でいつものように目を覚まし、さあ起きようと立ち上がった途端、強い目まいに襲われました。立っていると、部屋の床が激しく揺れ動くようで、とてもそのままの状態ではいられません。また、あの症状が始まったのです。起き上がってものの数秒もたたないうちに、再びベッドに倒れ込んでしまいました。

この時から、本格的で深刻な、僕の闘病生活が始まることになるのです。

三度目の入院ですから、今度はじっくり時間をかけ、徹底的に病気を治そうということになりました。

僕のこの病気は治ることがあるのだろうか。入院中つらい治療を受けながら、気持ちは暗くなるばかりでした。前の二回の治療では「退院さえすれば」と、前途に明るい希望を持つことができたのですが、そういう気持ちにはなれませんでした。

その年は、二軍選手も含めて全員が恒例のユマキャンプに参加しています。日本に残っているのは僕と、骨折負傷していた高仁秀治外野手だけ。高仁外野手の場合は、時間さえたてば再び戦列に復帰して、元気にプレーできることがわかっていますが、それに比べて僕は……。

回復のあてのない、自分の病気に不安と苛立ちが募ります。

「いつ頭がフラフラし始めるかわからないこんな状態で、プロ野球選手としてやっていけるハズがない」

「プロ野球選手どころではない。いったいこの先、自分にできる仕事が何かあるのだろうか。どうして生きていけばいいのだろうか」

と、将来についての不安がよぎります。

病院のベッドでテレビのスイッチを入れると、プロ野球のニュースが流れてきます。

「××チームのキャンプリポート……」。それを見ていると「どうして自分だけが……」と自分のツキのなさに泣きたくなることもありました。「不公平すぎるじゃないか」と、世の中を恨みに思ったこともあります。今から思うと、体だけではなく、心までも病気に蝕まれ翻弄されていたのかもしれません。

そんな、絶望的な気持ちの僕を静かに励ま

病気は自分の甘さ、弱さを自覚するきっかけになった。

してくれた人たちがいます。重い病気で入院している子供たちと、毎日身の周りの世話にやってきてくれた母です。

日大板橋病院はかなり大きな病院で、たくさんのいろいろな病気の患者さんが入院しています。各フロアには、ソファとテレビを置いた休憩所が設けられており、僕もときどき顔を出していました。

その休憩所で、何人かの子供たちと親しくなりました。年は十歳前後だったでしょうか。話をすると、全員が大の野球ファン。僕は自分がプロ野球選手だといっても信じてもらえないと思って、そのことは黙っていたのですが「今期の優勝はあのチームだろう」「あの選手の活躍が見ものだ」——などと、いろいろな話題に花を咲かせたものです。もちろん、スワローズのPRも忘れてはいませんでした。

一見するとその子供たちは元気そのもので、将来についての話をした時も、「ボクはサッカー選手になる」「ボクはパイロットだ」などと、明るい希望に満ちた答えが返ってきます。

ただ、入院はかなり長期にわたっている様子なので、この子供たちはどんな病気にかかっているのか気になり、それとなく周囲の人たちに、尋ねてみたのです。

答えを聞いて僕は驚きました。血管系の病気で、

「気の毒だけど病状はかなり重く、ひょっとすると……。せめて今のうちぐらいは、と、好きにさせているらしい」とのこと。

毎日のように自分と野球の話をして、目を輝かせている子供たちが、実は最悪の可能性も秘めている重病人だったとは、僕にとって大変なショックでした。子供たちは敏感です。大人たちの口から、命が危ないなどと聞かされてはいないでしょうが、周囲の変化で、自分の身体がピンチに陥っていることは感じているでしょう。

にもかかわらず、暗い顔ひとつ見せるでもなく、毎日を精一杯生きているのです。僕は思わず胸がジンと熱くなるのを感じ、同時に自分の生き方の甘さをつくづくと思い知らされました。

確かに得体の知れない病気に苦しめられてはいるが、あの子供たちに比べて自分はどうだろう。この病気によって命まで失うことはない。にもかかわらず勝手に落ち込んで、見舞いに来てくれる周囲の人たちにも不快な思いをさせているではないか。少しはあの子供たちのひたむきさを見習わなくてはならない。

僕は、少しずつでも前向きに生きようと、気持ちを切り換える努力を始めました。それまでは、家族や友人、それに球団の人たちがお見舞いに来てくれても、笑顔のひとつも見せることがありませんでしたが、無理をしてでも笑顔をつくるよう努め、ジョークのひとつも話すように心がけました。そうすることで、僕自身の気持ちを前向きに持っていこうとしたのです。その結果は徐々に現われて、お見舞いに来てくれた人たちに「お、元気にやっているじゃないか」と、いわれるようになり、同時に自分でもチャンスが与えられればまた頑張ろうと、少しずつ希望が持てるようになりました。

その僕の奮起を、一層強く促したのが母の何気ない言葉でした。

前にも話したように、この病気の治療はかなりハードで、治療を受けた日は半ば意識を失っているような状態で、ベッドに横たわっています。入院中あれこれと身の周りの世話をしてくれている母が、そんな僕の姿を見て、ポツリとささやいたのです。

「かわいそうで、代われるものなら代わってあげたい……」

——その言葉は、もうろうとしている僕の意識の中にしっかり響きました。小さい頃からわがままで、両親には迷惑ばかりかけてきて、その上こんなに心配させている。病気になって苦しんでいたのは自分一人ではなかったのだ。自分を世界一の不幸を背負ったかのように決めてかかり、甘えていたことを恥ずかしく思いました。

そして、その言葉を聞いた時、フラつく体に熱いものがたぎり始めるのを感じました。

「自分のためだけじゃない。母のためにも何としてもこの病気を治してやる」

病気はいつ再発するかわからないが、プレー中は全力を尽くすだけだ。

そんな強い意思が、僕の体を包み始めていました。自分の力で病気を治し、再起すると心に誓ったのです。

そうした積極的な気持ちが、退院後のさまざまな治療につながっています。有難いことに、入院中多くの人から激励の手紙をいただきました。その中には、僕がかかっている病気の治療法についてアドバイスして下さっているものもありました。落ち込んでいた時は、書かれてある内容を吟味する余裕はありませんでしたが、退院のめどが立った頃から、たくさんの手紙を読み直し、これはと思うものを試してみることにしたのです。

その一つがカイロプラクティックス。ひと言でいうと整体治療といえばいいのでしょうか。この時にお世話になったのが、加瀬建造さん、山根悟さんという二人の先生です。この整体治療を通して僕はうっすらとですが、病気の原因をつかむことができたような気になりました。

治療を通して、〝頸椎〟と呼ばれる首の骨に異常があることがわかりました。頸椎は、いくつもの骨が等間隔に並んで構成されているのですが、僕の場合は、第二と第三の頸椎がほとんどくっついている状態らしいのです。それが神経を圧迫しているために、おかしな症状が現われるのではないか、ということでした。

そういわれると、いくつかの原因に思い当たりました。大学時代、バック転の練習をしていた時に、勢い余って首を強く打ったこと。また、プロ野球選手になってからも、フェンスに激突して一時的に首が回らなくなったこともありました。今となっては、はっきりした原因をつかむ術もありませんが、恐らく、そんな強い衝撃が何度も繰り返されているうちに、病気の原因ができてしまったのでしょう。

また、この二人の先生には、具体的な治療を施してもらっただけでなく、いろいろためになる話を聞かせていただきました。

もっとも心に強く残っているのは、人間には、本来自分で病気を治す自然治癒力が備わっていること。その力を高めるには、時には薬剤がマイナスに働くこともあるともいっておられました。そして、病気治療に何よりも大切なのは、患者自身が病気に負けない強い心を持つこと。「もうダメだ」とあきらめてしまっては、治る病気も治らないといわれました。

二度の入院を通して、そのことは僕には身にしみていました。そして、改めて自分自身に「病気を恐れるな」と、強くいい聞かせたのです。

「また、目まいが起こるのでは」と心配するよりも、病気になればなった時のこと。それよりも、目の前で僕を待ってくれている野球に全力で取り組もうじゃないか、と思ったのです。

こうして、僕は少しずつ肉体的にも精神的にも立ち直り、新たなシーズンを迎えることができたのです。

みちのく三連戦で確かな手応え

昭和六十三年、僕にとって五年目のシーズンは、いろいろな意味で思い出に残るシーズンでした。

その前年の春、辛うじてメニエール病によるピンチを克服した僕は、開幕から一軍ベンチに置いてもらっていました。しかし、他の選手がキャンプに行っている間、病気でほとんど練習できなかったせいもあるのでしょう。試合に出してもらっても、大した働きを見せることはできませんでした。それで、七月のオールスター戦以降は二軍で再起を期すことになりました。

が、その時の僕は決してクサったりはしませんでした。だいたいが、一度は野球をあきらめているのです。それが、以前と同じようにボールを追うことができているのですから、それだけで満足していました。それに、自分自身が本格的にプレーするためには、中途半端に一軍でプレーするよりも、二軍でじっくり練習したほうが、自分のためにいいと考えることができたのです。

なかなか結果が出てこないとき、一流の選手ならスランプということになるのでしょうが、僕にはスランプというのがどういうものかというほどの力がありません。二軍でじっくりと力をつけるのが一番、と思ったわけです。

おかげで、二軍で密度の濃い練習を積み上げ、確かな手応えをつかむことができたと確信しました。

それだけに、年が明けると、「今年はヤルゾ」と、それまで以上にファイトを燃やしていたのです。

もっとも、またしてもアクシデントに襲われます。今度は病気ではなくケガです。

僕は病気のことなどもうすっかり忘れ、二月にユマで行われたキャンプでも最初から思いっきり飛ばしていました。キャンプの間は三勤一休が1クールになっており、全体のス

病気回復後は、みんなといっしょにトレーニングできるだけで幸福だった。

ケジュールは7クールで構成されています。

2クールの最終日のこと。ヤル気満々の僕は自分から特守志願して、コーチのノック球に合わせて、右に左に軽快に動いていたのです。が、ある瞬間、左足のふくらはぎに何かが引っかかるような感覚を覚えたのです。大した痛みがあるわけではないのですが、何かに引張られて動かない。そんなぎこちない状態です。

しかし、練習を自分から途中でやめるとはいいにくいものです。変だな、とは思いながらノックを受けていました。ところが、右中間に痛烈なライナーが打たれたとき、その打球を追おうにもぜんぜん足が動いてくれませんでした。

仕方なく練習を切りあげて、トレーナーの診断を仰いだのですが、結果は軽い肉離れ。1クール休めば大丈夫だが、念のために2クール休んだほうがいいとアドバイスされました。

しかし、ヤル気満々の僕は、2クールが終わるまでじっとしてはいられませんでした。1クール休んで2クール目が始まると、トレーナーのアドバイスを無視して、練習に参加することにしたのです。

ケガの回復が完全でないので、最初は球拾い。外野に転がっているボールを集めて回っていたのですが、自分の方に打球が飛んでくると反射的にボールを追って、走り出してしまいます。そ

して何球めかのボールを追っている時、同じ部分に今度は激しい痛みを感じたのです。慌ててトレーナーに診てもらうと、今度は回復までに3クールかかるという診断。

運の悪いことに、その後もユマで一度、日本に帰ってから二軍で調整している時に二度、と都合五回も同じ部分の肉離れを繰り返したのです。病院では、今度同じことが起こると手術するしか治療法はないといわれる有り様。

こうして、せっかくヤル気満々だったのにそのヤル気が災いして、最も大切な開幕前後の三カ月を無駄にしてしまいます。おっかなびっくりで再び練習を始め、ボツボツと二軍のゲームに出してもらえるようになったのは、春も終りの五月半ばのことでした。

ただ出遅れたからといって、それほど焦っていたわけではありません。前の年にミッチリ体はつくっていますから少々のブランクなら乗り越えられる自信を持っていたのです。

もちろん、一軍の試合に出て活躍できればそれがベストですが、それとは別に、与えられた機会にとにかく全力を尽くせばそれでいい。その結果に伴う評価については、考えても仕方のないことだと思えるようになっていったのです。もし、結果が出なくて野球を辞めざるを得なくなっても、あきらめられる気持ちの整理はついていたつもりです。一期一会という言葉がありますが、そんな心境ともいえるでしょう。

その年、僕が一軍に引き上げてもらったのは、六月初めに行われた巨人とのみちのく三連戦。その第一戦から、いきなりスタメンで出場することになったのです。久々の一軍の試合で、おまけに相手はジャイアンツということもあって、僕はかなり興奮していました。

それに、もう一つ嬉しいこともありました。野球ファンなら誰でも知っていると思いますが、この年、スワローズにはあの長島さんのジュニアの一茂が入団しています。僕は一茂の体をひと目見て、いい選手だと直感しました。ぜひ一緒にプレーしたいと考え続けていましたが、その願いも実現したのです。

その時の僕は、以前のような周囲の目を意識して萎縮することはありませんでした。自

入団4、5年目からファンから握手を求められるようにもなった。

分は全力で自分のプレーをすればいい。そんな気持ちで、ゲームに臨んだのです。

その試合、僕はいきなりチャンスで打席に立つことになりました。トップバッターの荒井幸雄選手が初球を叩き、強烈なツーベースヒットをジャイアンツ先発のガリクソンに浴びせかけていたのです。僕はガリクソンとは初対戦。でも、僕なりに攻略法を考えていました。決め球のインコースのストレートは、時々コントロールミスがある。その失投を逃がさずに強打すれば、いい結果が出るのではないかと思っていたのです。

もっとも常識的には、その場面で僕に課せられている役割は、ランナーを進塁させること。当然、何球目かにはバントのサインが出るものと思っていました。ところが、第一球目、いきなり、僕が狙っていたボールが来ました。インコースのストレート。高さは打ち頃のベルト辺り。ボールの軌道を捉えながら、「これだ」と、僕はバットを強振していました。

が、肩に力が入り過ぎていたのでしょうか、結果は平凡な小フライ。しかし飛んだコースがよく、ボールの落下点はレフトとショートのちょうど中間点。ボールがセンター方向に転がる間に、僕は駿足を生かして二塁ベースにまで到達していました。二塁ランナーだった荒井は悠々ホームイン。結局、この1点がこの試合の勝利打点になったのです。

出会い頭のラッキーヒットで、気分よくプレーできたからでしょうか。この三連戦で、僕は自分でも不思議に思うほど、いいところで力を出すことができました。第一戦では三本のヒットを打ち、第二戦でも前日に続いて勝利打点を叩き出すことができたのです。

この三連戦を発端に、この年は最後までほぼフル出場。最終打率は3割3分1厘。三年目に続いて二度目の3割を達成したのです。前回と同じように、やはり規定打席には達していませんでしたが、不足数はわずか33。あと10試合出場のチャンスがあれば、全打席凡退したとしても、3割をキープし、打撃ベスト10に名を連ねることもできていたのです。

が、これはあくまでも、タラの話。そんなことをいい出してているとキリがありません。それより何より、規定打席には達しなかった

昭和63年には、規定打席不足ながら、３割を達成した。

にせよ、精一杯頑張った結果として残った3割という数字に、とても満足したのです。

ゴールデングラブ賞は積み重ねの結果

平成元年のシーズンは、率直にいって打撃成績は最悪といわざるを得ないもので、前年とは比較にならない低レベルの数字でした。

しかし、数字とは裏腹に、僕自身は昨シーズンの自分に対して、前年とはまた違う満足感を覚えています。

理由の第一は、入団以来六年目で初めて一軍で何のケガもなくフルにプレーすることができたこと。そしてもう一つは、40というチーム一の犠打数と、一試合4犠打という日本タイの記録を達成したこと。そして、なんといってもシーズン終了後に守備面でのベストナインともいうべきゴールデングラブ賞を受賞できたことです。

記録をつくったり、賞をもらったりするのは、それ自体がとても嬉しいことですが、僕が満足感を覚えているのは、それだけの理由からではありません。

ちょっと大袈裟ないい方になるかもしれませんが、これらの結果は、プロ野球選手としての僕

の生き方を、裏づけてくれているように思え、同時に、「栗山、よくやった。これからもその調子で頑張れよ」と、僕を励ましてくれているようにも思えるのです。

話がわかりにくくなったかもしれません。僕の思いを説明するには、プロ野球選手という職業に対する僕の考えを、話しておいたほうがいいでしょう。

僕はプロ野球選手には、二通りのタイプがあると思っています。第一のタイプは、ひと言でいうとスター選手。恵まれた素質を生かして、チームの中心となる選手です。スワローズなら、池山、広沢、それに一茂もこのタイプに入るでしょうか。

そしてもう一つのタイプは、凡人タイプ。素質にはいまひとつ恵まれていないが、努力と、全力プレーでそのハンデをカバーする。チームの中心にはなれませんが、確実に自分の役割をこなしていくタイプです。

で、僕がどちらに属するかといえば、いうまでもなく後者のタイプ。打席に入っても、一発長打の期待をナインやファンに抱かせることはないし、チームの中心になる柄でもありません。でも、自分なりに努力を続け、ベストを尽くしてチームに貢献したいとは思っています。

相手チームのグラウンドで対戦する時は、試合前にマウンドの傾斜を調べてバントしたときのゴロの転がり具合を確かめたり、また守りについている時には、フェンスにぶつかってでも打球を追いかけるのもそのためです。素質に恵まれていない僕は、努力することとベストを尽くすこと。つまり〝一生懸命〟で、そのハンデを克服するしかないのです。

昨年の犠打の記録や、ゴールデングラブ賞の受賞は、そんな僕の生き方が報われたということでしょう。また、プロ野球選手なら誰でもそうなのですが、とくに僕のような毎日コツコツ結果を積み上げるバイプレーヤーにとって、一年を通してのフル出場は結果をもたらすための前提条件。記録や賞に加えて、その前提条件を初めて満たすことができたのだから、こんな嬉しいことはありません。

シーズンが終わった日、あるコーチに握手を求められて、「クリ、今年はよくやったな」と、祝福の言葉をいただきました。この一言で、僕は一年間の自分の努力が報われたような気がして、とても幸せな気分になったことを覚えています。

平成元年のシーズンは野球をやっていていろいろ考えさせられ、収穫の多い年でした。野球をわかり始めたシーズンだったといってもいいでしょう。

たとえば、スランプ。前にも話したように、スランプがどういうものかわかりませんが、僕にだって好不調の波はあります。平成元年のシーズンだって、オープン戦では3割1分と絶好調。それがシーズンが始まった途端に、バットが湿ってしまったのです。

YS
Swallows
46

体力面、技術面と理由はいろいろあったのでしょうが、今思うと、やはりいちばん大きかったのは精神面での原因でしょう。開幕当初のスワローズは絶不調で、負けが込んでいました。当然僕だけではないのでしょうが、選手には「オレが何とかしなければ」と気負いが出てきます。とくに僕の場合は、自分が出塁してクリーンアップにつなぐのがスワローズの得点パターンなので、必要以上に力が入っていたのではないか、と思います。

その結果、自分を追い込んで、体力、技術面にも問題を広げていったのではないかと思います。こんな時は、失敗の原因さえはっきりさせれば、アレコレと思い悩むより思い切って気分転換を図ったほうがいい。ゲームが終わったら野球を忘れて発散し、次の試合ではまたフレッシュな気持ちで臨めば、それまで自分が体で覚えたプレーに自然に戻っていけるのではないかと思います。僕はこの気分転換が下手で、これからいろんな方法を考えなければならないと思っているのですが……。

また、逆に自分で緊張状態をつくっていくことも必要です。ここぞ、という場面では、思いっきりテンションを上げてプレーする。そうすれば力以上のプレーができるのではないか、と思うのです。

このテンションの上げ方で、僕がうまいと思ったのは、昨年ジャイアンツを引退された中畑清さん。あの大袈裟な身振りで、中畑さんは自分を奮い立たせていたのではないでしょうか。方法はともかくとして、僕も見習わなくてはと思っています。

もう一つ、いい意味での〝ごまかし〟も平成元年に覚えたことの一つです。たとえば、ある試合で自分の調子がいま一つよくないと感じたとする。そんな時には、打つことばかりではなく、フォアボールを選ぶことを考える。そのほうがチームのためでもあるし、自分のためでもあるのです。その日ノーヒットに終わったとすると、普通のゲームなら4－0という結果が記録に加えられるでしょう。それが、一つフォアボールを選ぶことで、3－0に抑えることができる。あとで記録のことを考えた場合、この一打席が大きく響いてくるのです。それに、出塁したことで、気分をリフレッシュでき、調子の波が変わることだって考えられないわけではありません。

また、僕にとっては走ることも大切な仕事です。たとえば、ランナーとして塁上にいる時、その時々の状況に合わせて、投手の心理状態を見抜くことができれば、もっと盗塁もできるんじゃないか、とも考えています。投手には一人一人、マウンドでの動作にクセがあり、そのクセを把握していれば、次のボールが打者への投球か牽制球かの判断がある程度できるわけですが、その水準というか、グレードをもっと上げることができれば、と思います。

さらに欲をいえば、球種までも見抜けるようになって、ランナーの僕がバッターに次のボールの球種を伝えるようなことができれば画期的だと思います。投手の心理状態で球種を見抜くなど、何だか超能力のようなテクニックですが、チームのためにも何とか身につけることができれば、と考えているのです。

こんなふうに、僕なりにいろいろなことを考えながら、野球を続けています。が、その基本にあるのは、前にもいったように、与えられた役割を１００％、いや１２０％こなすための〝一生懸命〟。それをどう現実的な形にするかを考えるためにいろいろなことを学び続けているのです。

これからもこの考え方は変わりません。野球選手を続けていく限り、いや、一人の人間として生き続けていく限り、僕は、いつも〝一生懸命〟であり続けたいと願っているのです。

多くの人々に支えられての今日

ヤクルトスワローズに入団してから、現在に至るまでの足どりを簡単に振り返ってみました。こうして見ると、わずか六年間ですが僕なりに波乱に富んだ歳月だったような気もします。

入団直後は、チーム随一の落ちこぼれ選手。やっと一軍ベンチ入りの切符を手にしたと思ったら、今度は病魔に泣かされました。そんなピンチをどうにかこうにかしのぎ、スワローズの一員で居続けられるのは、周囲の人たちの励ましや支援のおかげです。

僕を支え続けてくれた人たちについて、ごく一部ですが、これまで書き記しました。が、肝心な部分が抜け落ちています。チームメートを始めとする球団内の人たち。いわば、身内の人たちです。時にはライバルとして、また友人として、僕を激励してくれるチームメートたち。そして、よき協力者として、僕を温かく見守り続けてくれるスタッフの人たち。これらの人たちについても、ちょっと話をしておきたいと思います。

まずチームメートで、僕がもっとも興味深く思っているのは、一茂と池山です。一茂は昭和六十三年入団ですから、僕の四年後輩。

長島一茂の入団はスワローズの選手全員の刺激になった。

前にも話しましたが、僕は入団当時から、一茂には関心を持っていました。

　最初は何といえばいいのか、ミーハー的な動機です。僕たちが子供の頃といえば、長島さんが唯一無二の大スター。その大スターの息子がいったいどんな選手なのか、強い興味を持っていたのです。

　が、入団した一茂を見て、僕の思いは変わりました。僕などとは違って、体格が実に恵まれている。これはいい選手になると確信しました。その年のユマキャンプで、僕は一茂と同室だったのですが、実際その体力には驚かされました。

　一日の練習が終わると、僕はもうクタクタで、部屋では寝ていることが多かったのです

池山は、球界を代表するスターになりつつある。

が、一茂は部屋でも元気いっぱい。本当に素質が違うと実感しました。

それに性格もスケールが大きく、スター性十分です。期待が大きいぶん大変だとは思いますが、これからどんどん伸びていくでしょう。将来はヤクルトを背負って立つ男と、僕は見ています。

池山は僕と同期生。もっとも、彼は高校出身だから歳は僕の四つ下です。が、入団直後の練習では驚かされました。フリーバッティングで、いきなりフェンスの向こうにボンボン打ち込むのですから。これからこんなバケモノのようなヤツと一緒に野球をやるのか、と目の前が暗くなった記憶があるくらいです。

バッティングを見るとわかるのですが、池山は体の芯にダイナミックな力があるのではないか、と思います。もちろん、バネや腰の回転にも非凡なものがある。だからこそ、投手のボールの球にタイミングを合わせながら、あれだけ元気よくバットを振り回すことができるのでしょう。ブンブン丸というニックネームは、池山の素質の証明でもあると思うのです。

もう一人、同期生でドラフト一位で入団したのが高野。この選手にも入団した時には驚かされました。豪快なピッチングを一目見て、10勝は堅いと確信したものです。僕は自分とのあまりの違いに、同い年でありながら、入団後しばらくは「高野さん」とさんづけで呼んでいたくらい。

今でも、ストレートの威力は、セ・リーグでも屈指のものがあるでしょう。恵まれた素質を遺憾なく発揮して優勝に貢献して欲しい。同じスワローズの一員としてだけでなく、友人の一人としても、切にそう願っています。

高野と同じように、チームメートのなかで僕が親しくしている一人が、荒木。そう、高校時代に全国の甲子園ファンを唸らせたあの大輔です。入団は僕よりも早いのですが、年齢は僕のほうが少し上。

僕が入団した当時も、神宮球場での大輔人気は凄まじかった。が、本人はそのことには全く無頓着。オールスターのファン投票で1位に選ばれた時も、「実力もないのに出たくない」といっていたようです。ひょっとすると、野球に対する考え方では、僕に共通する点があるかもしれません。

高野のストレートはセ・リーグで屈指のものだ。

僕が病気で苦しんでいる時は、温かい言葉で僕を応援してくれたことを忘れません。残念ながら今は肘を治療中です。立場が反対なので、今度は僕が励ましてやらねばと考えています。

もちろん、僕を支えてくれているのは、チームメートばかりではありません。昨年チームを離れましたが、どんなに失敗を重ねても根気よく僕を使ってくれた前監督の関根さん。それにコーチの人たちの支援も忘れられません。

また、表面に出てくることはありませんが、スタッフの人たちの協力も、僕にとっては大きなプラスになっています。

たとえば、遠征時の移動、ホテルの手配から練習場の準備まで、完璧に選手の面倒をみてくれるマネージャーの松井さん。そして小林さん、ビデオチェックでも大変お世話になっています。また、試合前相手チームのデータをチェックする時に面倒をかけているのが、スコアラーの佐藤さんと土井さん。また、先乗りスコアラーの片岡さんには、相手投手の攻め方など、具体的なアドバイスをいただいています。バッティング投手の鈴木さんと黒田さんにもお礼をいわなければなりません。この二人がいるから、僕たちは自分の調子を判断することができるのです。同じくバッティング投手として、夏場になるとお世話になるのが、高橋さんに小山田さん。本来はブルペン補手なのですが、バッティング投手に疲れが出る夏場になると、マウンドに駆り出されるのです。ありがとうございます。

最後にもう一人。今年からサブマネージャーとしてスタッフに回った原田という男を紹介させて下さい。僕と同期の入団で、やはり同じようにドラフト外入団。加えて年も同じということもあって本当に気にかけてくれていました。

入院したときには、まっ先に見舞いに駆けつけてくれたし、回復して練習を始めると、ボールを投げて、トスバッティングの手助けをしてくれたりもしました。逆の立場になると、僕が果たして同じように、応援を続けられただろうか。そう考えると、本当に頭が下がります。選手としてではなく、一人の人間として、これからもいろいろ学ばせてもらいたいと思います。

このように、実に多くの人たちに支えられて、僕は、スワローズの一員として、プレーを続けることができているわけです。この人たちのためにも、僕は自分の役割を果たしていきたい。そして、大目標であるチームの優勝に、少しでも貢献したいと思っています。

エピローグ

夢を追いかけて

人より努力できなくなったときユニフォームは脱ぐ

人間の個性が一人一人違っているように、プロ野球選手の持ち味も、個々のプレーヤーによって違っています。僕にも、これだけは人に負けないと思っていることがないわけではありません。それは、前にもいったようにひとつひとつのプレーに対する取り組み方です。

他の人の目にはどう映っているかはわかりませんが、僕自身は自分の力を出し惜しみすることなく、目の前のプレーに全力を出し尽くすことを心がけてきたつもりです。たとえば、昨年一部のマスコミの人たちが取り上げてくれたダイビングキャッチ。フェンスにぶつかる恐れがあっても、僕はボールに向かって頭から飛び込んでいきます。そのせいでしょう。「フェンスが恐くないのか」と尋ねられることがよくあります。

もちろん、僕も生身の人間です。ボールを追いながら、フェンスと衝突することの恐怖が頭をよぎらないわけではありません。でもそれ以上に、ほんのわずかでも捕球の可能性があるなら、そこに賭けてみたい。いや、賭けなければならないという気持ちのほうが強いのです。

「そこまでやらなくても……」といってくれる人もいますが、わずかな可能性にでも自分を賭け

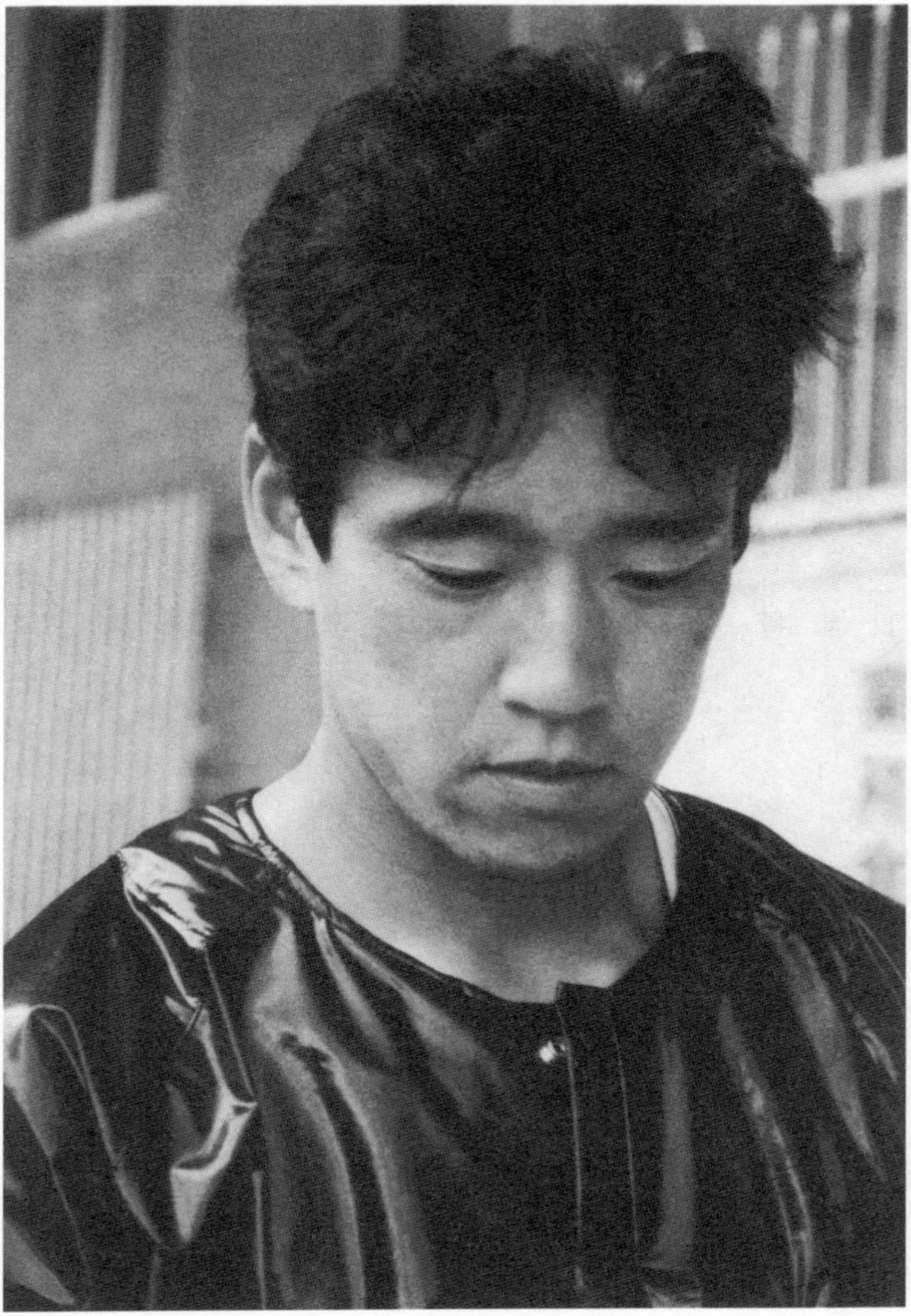

ることができなくなれば、プロ野球選手としての僕の存在意義は何もなくなってしまうような気がするのです。これは、持ち味やセールスポイントというよりも、プロ野球選手としての生き方、といったほうがいいかもしれません。スワローズに入団して七年、年を追ってこの思いは強くなるばかりです。この生き方を続けてきたからこそ、僕は今もスワローズの一員で、居続けられているといってもいいでしょう。

もちろん、時には全力を出し続けることの苦しさにめげそうになることもありました。でも、その度ごとに、周囲の人たちが強い励ましやアドバイスを贈ってくれました。その結果、僕は自分を取り戻し、新たな気持ちで野球に取り組むことができているのです。

入団四年目のシーズンが終わった後の秋季キャンプでのことだったと思います。僕は不覚にもカゼをこじらせてしまい、練習を休ませてもらったことがありました。

宿舎のベッドで横になりながら、大切なキャンプで休むことになるとは情けないと、暗い気持ちでいる時、僕を叱ってくれた人がいました。当時スワローズのバッティングコーチだった佐藤孝夫さん。現役時代もやはりスワローズに在籍し、ホームラン王のタイトルも獲得した人です。

その佐藤さんが、練習が終わった後、僕の部屋を訪ね、こういってくれたのです。

「クリ、お前ははっきりいって、体力面でも技術面でも、他の選手より優れているとは思えない。互角に競争したいのなら、彼ら以上の集中力で、より多く練習しなければならないんじゃないか」

それだけではありません。もっと強い口調で、こうもいわれました。

「だから、人以上に努力できない状態になったら、ユニフォームを脱いだ方がおまえのためだと思う。おまえのその体で頑張り続けることがどれほど大変か、俺にはよくわかるから」

——この言葉を聞いて、僕は頭をガツンとやられたような気になりました。僕のことを思ってくれるからこその言葉だということが、よくわかりました。僕は感動にも似た気持ちを覚え、そして、自分の甘さを思い知ったの

です。目からウロコが落ちた、といえばいいのでしょうか。僕は自分の生き方をもう一度考え、出発し直す勇気を持つことができたのです。

結果を恐れず全力で生きる

野球には直接関係のない人から教えを受けたこともあります。あれは、五年目の春のキャンプのことでした。前にも話したように、シーズンも間近という時期になって肉離れの故障を起こしてしまうのです。それも、一度や二度ではなく、左足のふくらはぎばかりを二カ月足らずの間に、合計5回も痛めたのです。おかげで、開幕には出遅れるハメになりました。当然、故障で休んでいる間には怒りや苛立ちが起こります。

そんな僕の気持ちを、落ち着かせてくれたのが、孔明さんという公私共にお世話になっている方でした。体の手入れやコンディションづくりだけでなく、メンタルな面でも、この方の世話になっている人は少なくありません。この孔明さんが、練習中ベンチで一人ポツンと座っている僕にこういってくれたのです。

「クリ、焦る気持ちはよくわかるけど、今いちばん大事なのは、まず無心になってケガを治すこと

YS

だ。決してあさましくなるな。その時、その時に自分でできることをしっかりやれば、必ず明日は開《ひら》けてくる。ケガが完治したら、また本気で野球に取り組めばいいじゃないか」

――そういわれて、僕はとても気持ちが楽になったことを覚えています。孔明さんのいうとおりで、僕はいい結果を残したいと、そのことばかりを考えていた。それが、焦りにつながっていたのです。孔明さんは、そんな僕の胸のうちをすっかり見抜いて、無心になることの大切さを教えてくれました。孔明さんの言葉に従って、僕は結果を考えずに、その時々に全力を尽くすことにしました。それが、結果的には好成績につながっているのです。

あの時の孔明さんの言葉は、今でも僕の心の支えになっています。ピンチになると、僕は「一生懸命やって、それでダメなら仕方ないじゃないか」――と自分にいい聞かせているのです。

同じように純粋な気持ちの大切さを、他のスポーツ選手から教えられたこともあります。スワローズに入団してまだ間もない頃、共通の知人を通じて、トンガから留学している大東文化大学のラガーマンたちと知り合う機会がありました。スポーツマンという共通点に加えて、僕が大のラグビーファンということもあって、僕たちはすぐに意気投合し、親しくつきあうようになりました。

そして、何度も会って話をしているうちにそれまで知らなかったこともわかってきました。僕は彼等がラグビーを目的に留学しているのだと思っていたのですが、実際は違っていました。彼らは、トンガではいわゆるエリートで、帰国後、祖国の発展の力になるために、日本に勉強にやって来ているのです。それが激しいスポーツで体はボロボロ。僕がとくに親しくしていたホポイという選手などは、首までおかしくしてしまっているほど。これでは、何のために日本に来ているのかわかりません。それで、一度ホポイにそのことを尋ねたことがあるのです。すると、こんな返事が返ってきました。

「僕は試合中は100%自分のチームのために戦っている。それがチームのためであれば、ケガをしてもかまわないと思っている。

だから、結果的に首を悪くしてしまったけれど、少しも後悔はしていないよ」

その言葉を聞いた時、僕はとても爽やかな気持ちになりました。と同時におかしな質問をした自分を恥ずかしくも思いました。僕は、その時ホポイから、スポーツマンの在り方を改めて教えられたような気がしたのです。そして、彼らに負けないよう、自分も全力で野球に取り組まなければ、と、気持ちを新たにしたことを覚えています。

「結果を恐れずに、その時々で自分のベストを尽くす」――これが、僕のプロ野球選手としての生き方です。いや、プロ野球選手としてというだけではありません。その前に、一人の人間として、そんなひたむきな生き方を続けていきたいと願っています。

大学時代、自分の進路について迷っていたとき、両親を始め周囲の人たちは、僕のプロ入りに大反対でした。でも、僕は自分の気持ちを貫いて、プロテストにチャレンジし、スワローズに入団しました。アクションを起こさずに、後々そのことを悔やむより、後悔してもいいから、自分で夢に挑戦してみよう。そうすればたとえ失敗しても、自分に納得がいくと思ったのです。

スワローズに入団後、何度もピンチに襲われながら、野球を続けられたのも、その時々で全力を尽くしていた結果のような気もします。他の選手のように華麗な守備や派手な打撃はできなくても、常に何とかしようという姿勢だけは持ち続けたいと思います。野球は年をとってまでやれ

る仕事ではありませんから、今は人生の一つの過程だと思っています。だからこそ、一瞬、一瞬を精一杯やって行きたいのです。何とか走者を進めよう！　何とか出塁しよう！　何とか捕球しよう！　そういう気持ちが薄れてきたら、そのときは静かにユニフォームを脱ごうと思います。

◆　◆

ここ一、二年、シーズンオフに、僕は自分の将来を考える上でとても貴重な経験をいくつかさせてもらいました。冒頭でお話しした母校での講演もその一つ。また、雑誌にエッセイを書いたり、野球に関係のないテレビ番組にも出演させてもらうこともできました。そのなかで、強く印象に残っているのがCNNのニュースキャスターとして出演した時のことです。

ご存知の人もたくさんいると思いますが、この番組は世界のいろいろなニュースをリアルタイムで報道しようというもの。普通のニュース番組とは違って、キャスターがそれぞれのニュースについての意見や感想をコメントするのが特色です。

僕がキャスターを担当したのはわずか5回ほどでしたが、いろいろなことを学んだような気がします。とくに、自分にとってよかったと思うのは、それまでの僕が、あまりにも世の中の動きに対して鈍感だったことを知ったこと。社会人としての勉強不足を思い知らされたことです。そして、これからはもっといろいろな経験を積んで、自分のフィールドを広げたいと思うようになりました。

今、僕は懸命に野球に取り組んでいます。が、野球が僕の全てかと尋ねられると、答えに困ってしまいます。今のところは答えはイエス。でも、将来はもっと別の世界にも夢を広げたい、と思っているのです。

話がちょっと飛躍するかもしれませんが、ひとくちにプロ野球選手といってもさまざま。引退後の生き方も、人によってそれぞれ違います。でも、現役時代に一流選手として活躍した人たちの多くは、監督、コーチまたは解説者など、やはりプロ野球に関係したところで〝第二の人生〟を築いておられるケースが

多いように思います。

多くの人々に望まれての結果だから、それは当然のことです。現役時代に培った高度な知識や理論を、それまでとは違う形で生かしていくのは、とても意義のあることだし、野球を一筋に追求し続けるのも素晴らしい生き方だと思います。

もちろん、僕が引退しても、声が掛かることはないでしょう。でも、そのことを別にしても、僕は、ちょっと違う生き方ができれば、と思っています。

今は野球に一生懸命ですから、その生き方がどんなものなのか、具体的にお話しすることはできません。でも、本当に漠然とではありますが、考えていることがないわけでもな

いのです。

前にも話しましたが、僕は小学生の頃、「将来はプロ野球選手になり、年をとったら学校の先生になりたい」と、いかにも欲張りな、僕らしい作文を書いたことがあります。実をいうと、その作文どおりに生きることができれば、とは思っているのです。

もちろん、子供たちに何かを伝えるということが、そんなに簡単ではないことは自分でもわかっているつもりです。それに現実問題として、僕が先生になれるかどうかもわかりません。

が、ときどき将来の自分の姿を思い描くことがあります。その想像のなかでの自分は、かなりの年配になっているのですが、やはり熱中先生のタイプ。教えるというよりは、子供たちと遊び、また、自分の体験を話しながら、子供たちと一緒にいろんなことを考えています。

もっとも、この夢の実現は、ずっと後のことでいい。それまでに、いろんな体験を積み重ね、人間としての自分の幅を広げ、また奥を深めていきたい。たとえば、以前に体験したニュースのキャスターの仕事のように、たくさんの人に会い、さまざまな問題を考える体験を重ねたい。

そして、その体験を通して、学ぶであろう多くの事柄を、将来先生という立場で子供たちに伝えていくことができれば、と思っているのです。

これが、僕の将来の大きな夢です。この素晴らしい未来をきり拓いていくためにも、僕は今、プロ野球選手としての自己実現を図らなければなりません。素質がないことは承知していますが、そのハンデを克服して、どれだけ一流といわれる領域に近づくことができるか。

大切なのは結果だけではないでしょう。それよりも、努力を重ね、日々納得のいくプレーを続けることのほうが重要に違いありません。その結果、得られるであろう充実感が、僕に新たな人生に踏み出す勇気を与えてくれるような気がするのです。

思えば、僕は小学校にも上がらない子供の頃から、現在に至るまで汗みどろになり顔を泥だらけにしながら、ひたむきにボールを追い続けています。ひょっとすると、僕はボールと一緒に、ボールの向こう側に見え隠れしている夢を追いかけているのかもしれません。

素晴らしい未来が訪れる予感に、胸を震わせながら——。

ＷＢＣを通じて子どもたちに伝えたかったこと

今回、ＷＢＣの監督を務める際に、大事にしていたことがあります。それは、ＷＢＣを見ている子供たちに、大きな志を立ててもらうことです。ＷＢＣを見て、「カッコいい」「こういう人になりたい」と本気で思ってもらえば、その子供たちは今後いくらでも頑張ることができるからです。

代表に選ばれた選手にも、昔のＷＢＣに憧れた選手がたくさんいたと聞きますし、僕自身もミュンヘンオリンピックのバレーボール男子チームの活躍を見て、自身の原動力としてきました。どんなに大変な中でも、夢に向かって頑張る。「できる」「できない」ではなく、「絶対にやるんだぞ」という強い気持ちで前に進む。かつて日本が持っていて、現在失われつつあるよさみたいなものを、今回の大会で子供たちに伝えられたら良いなと思いながら、ＷＢＣに挑んでいました。

ＷＢＣに限らず、これからの時代を担っていく若い世代や子供たちがどのようなことを学んでいくのかが、とても大事だと思っています。

本書でも、当時の学びへの想いをたくさん書かせていただきました。今にしてみれば、僕が教育者に向いていたとは思いません。しかし、僕自身がどのような職に就くかに関係なく、日本という国全体として学びの在り方を考えないといけないし、他人事にしてはいけないと思います。学びの大切さは選手たちにもたくさん伝えてきましたし、これからも発信していきます。

僕が今まで生きていて一番大事だと思う学びは、かつて祖父や祖母に教わったようなことです。「嘘をつくな」「自分のできる限りの努力をしなさい」「人のために尽くしなさい」など、大したことではないかもしれませんが、これらのことを自覚して実行できるかどうかで人間は大きく変わります。

人間としてちゃんとしてさえいれば、あとは自分の向かいたい方向に歩くことができます。野球なども勝手に上手くなると思うのです。自分が夢に向かって、どんな練習をして、どんな生活をしなければいけないのか、自然とわかるからです。

最終的には、自分のやることは自分でしか決められません。その人が素晴らしい人間になれるよう、一緒になって協力したり、寄り添ったりすることが必要だと思っています。

令和5年4月

栗山英樹

栗山英樹（くりやま・ひでき）

1961年4月26日、東京都小平市生まれ。小平二中時代は2年生の途中までバレーボールに熱中。その後、創価高校時代にかけ、野球でエースかつ主砲として活躍。東京学芸大学進学後、教職を目指して教員免許を取得。学芸大卒業後、入団テストを経てヤクルトスワローズに入団。1984年には1軍に昇格し、1989年に外野手としてゴールデングラブ賞を受賞。しかし、1990年のシーズンを最後に、怪我や病気のために引退を決意。引退後は野球解説者やスポーツジャーナリストとして活動する一方、白鴎大学の教授も務めた。

2011年11月には北海道日本ハムファイターズの監督に就任し、監督1年目でパ・リーグ優勝。2016年には2度目のリーグ優勝と日本一を達成、正力松太郎賞を受賞した。2021年4月10日には球団監督歴代最多となる632勝を達成したが、2021年シーズンで日本ハムの監督を退任。

2021年12月からは野球日本代表監督に就任し、2023年には14年ぶりに日本をWBC優勝に導いた。

写真	（株）フィールドライフ、松本正（フォト・フリーダム）
本文デザイン	藤田ひさし（フリーポート）
カバーデザイン	BUENOdesign 市川壽光
校正協力	ぷれす
編集	生駒秀知、ソレカラ社

栗山英樹29歳
夢を追いかけて

著　者　栗山英樹
発行者　池田士文
印刷所　図書印刷株式会社
製本所　図書印刷株式会社
発行所　株式会社池田書店
〒162-0851
東京都新宿区弁天町43番地
電話 03-3267-6821（代）
FAX 03-3235-6672

落丁・乱丁はお取り替えいたします。

ISBN 978-4-262-14380-4